山西省哲学社会科学规划课题"山西传统村落祭祀空间研究"（晋规办字[2017]2号）资助

传统村落与建筑系列

传统村落信仰文化空间研究
——以晋中地区为例

白佩芳 著

中国建筑工业出版社

图书在版编目（CIP）数据

传统村落信仰文化空间研究：以晋中地区为例/白佩芳著. —北京：中国建筑工业出版社，2021.12
（传统村落与建筑系列）
ISBN 978-7-112-26812-2

Ⅰ.①传… Ⅱ.①白… Ⅲ.①信仰—民间文化—研究—晋中 Ⅳ.①B933

中国版本图书馆CIP数据核字（2021）第233430号

责任编辑：焦　扬
版式设计：锋尚设计
责任校对：李欣慰

传统村落与建筑系列
传统村落信仰文化空间研究
——以晋中地区为例
白佩芳　著

*

中国建筑工业出版社出版、发行（北京海淀三里河路9号）
各地新华书店、建筑书店经销
北京锋尚制版有限公司制版
北京建筑工业印刷厂印刷

*

开本：787毫米×1092毫米　1/16　印张：14¼　字数：251千字
2022年7月第一版　2022年7月第一次印刷
定价：68.00元
ISBN 978-7-112-26812-2
（38703）

版权所有　翻印必究
如有印装质量问题，可寄本社图书出版中心退换
（邮政编码100037）

前言

今天，不论人们是否愿意，现代化、全球化正以不可逆转之势迅猛地发展着，毫不理会人们的感受。这一趋势虽然给人们带来种种享受及便利，但同时也给人们带来了诸多的困扰，深刻地影响着人们的生活。面对着日新月异的生活和如潮水般涌流的财富，人们活得好像并不那么自在。内心深处，让我们眷恋、产生归属感的某些东西似乎正在悄悄地远去；血液之中，让人们感到温馨和踏实的某些元素仿佛正在慢慢地流失。新奇的事物应接不暇，若有所失的情绪总是挥之不去，人们在缭乱中感受到单调，在喧嚣中品尝到寂寞[1]。有些极其重要和珍贵的东西，都是在即将消亡的时候，才猛然被发现其价值所在。

本书主要是从非物质文化遗产的视角切入，结合建筑学领域对空间形态的相关研究，具体探讨中国民间传统村落"精神空间"的发展形成及其主要特性等。对传统村落信仰文化空间加以研究和深入挖掘，不单是对人类文明的珍视，更可以为村落空间的创新提供坚实的文化基础，否则某些新农村建设中一味地拆旧建新且只看表面工作的"别墅村"的局面难以扭转。冯骥才先生特别强调，最大的文化遗产是古村落。在中国，村落作为各种传统文化资源集聚之地，对于保证国家文化生存安全具有重要作用。村落文化是最基础且最生态的文化，是村落悠久历史的见证，是风物特产的写真，也是厚重文化的标志。古村落保护已列入2013年山西七大文物保护重点工程。在2008年1月至2010年12月进行的古村落全国普查工作中，全国首批抢救的3000个古村落，山西占到119~150个，数量为全国最多。山西是中国北方地区保存古村落较多的省份，

---

[1] 孙家正. 论文化、文化素养及文化情怀［EB/OL］. http://www.cflac.org.cn/gn/201306/t20130603_194501.html.

原有古村落3500个。据山西省住房和城乡建设厅统计，山西现存元代至清代有价值、保存完好的古村落959个。

晋中村落和建筑多是清代以后的遗存，所以，时间上主要以清代以来现存的村落和信仰空间实体研究为主。在文化学者来看，中国的乡土村落就其本质来说是一种社会文化，它是随着历史演变而形成，随着社会的变迁而变迁的，它是一种层累的、历代传承的文化现象，应该从社会结构关系及社会经济基础的演变方面来考察。基于这样的认识，村落信仰成为研究中国传统村落的一个切入口和最佳的视角。

在晋中传统村落的民居中天地龛、土地龛、门神、灶神等诸位神灵几乎必不可少，逢年过节时人们对其顶礼膜拜。在村落的布局中各种庙宇更是占据主导地位，村口、村尾、村中心等主要位置均布以庙宇以示敬畏。这些神性空间在充满各种禁忌和仪式的时候就是信仰文化空间。甘满堂博士在《宗教·民间信仰·村庙信仰》中认为有必要将民间"村庙信仰"与民间信仰加以区分。所谓村庙信仰，是指以村庙为核心而展开的社区神信仰活动，村庙信仰在民间信仰的内容与形式上占据主导地位。明确民间村庙信仰是民间信仰的最主要形式，其对社会的影响力远远超过民间信仰中的其他信仰与崇拜形式，也许只有这样，才能分清主次，将民间信仰中的主体部分——村庙信仰纳入当地宗教事务依法管理的工作中去。本书以民间信仰中的村庙信仰研究为主。

本书具体内容分为三大部分（图0-1）：

第一部分，包括第1章，对信仰文化空间的基础理论内容作了详细的阐述。

第二部分，包括第2、3、4章，在实地调研基础上对晋中地区传统村落信仰文化空间进行了分类，并对它们的发展演变进行了系统的分析；进一步研究了传统村落场所环境与信仰文化空间二者之间的互动关系。在此基础上，展开了对影响晋中村落信仰文化空间发展演变的社会结构与制度环境的研究，为今后的保护和发展工作提供了依据，并提出了三种村落信仰文化空间的保护模式。

第三部分，包括第5章，通过以上章节对晋中地区传统村落信仰文化空间的研究，归纳出在前人研究成果的基础上产生的几点新的观念和研究展望。

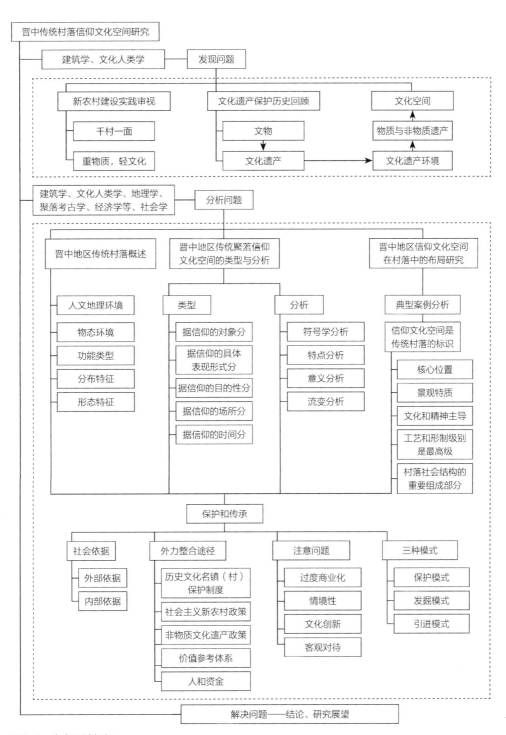

图0-1 本书理论框架

目录

前言 ··· 3

第1章
传统村落信仰文化空间概述

1.1 几个概念 ·· 003
    1.1.1　传统 ·· 003
    1.1.2　村落 ·· 004
    1.1.3　信仰、迷信和宗教 ·· 006
    1.1.4　文化的释义：理解村落文化空间的起点 ································· 008
    1.1.5　空间与场所 ·· 011
    1.1.6　非物质文化遗产（存）··· 013
    1.1.7　文化空间：非物质文化遗产和物质文化遗产间最直接的纽带 ······ 014

1.2 传统村落信仰文化空间的构成框架 ·· 016
    1.2.1　村落信仰文化空间的概念 ··· 016
    1.2.2　基础要素：人、时间、事件、空间 ······································· 017
    1.2.3　文化景观：魅力要素 ··· 020
    1.2.4　文化氛围（文化场）：孵化要素 ·· 022
    1.2.5　文化场所：活力要素 ··· 024
    1.2.6　文化制度与政策：保障要素 ·· 026

第2章
晋中传统村落信仰文化空间的类型与分析

2.1 晋文化的构成与发展 ……………………………………………… 031
2.2 晋中传统村落信仰文化空间类别 ………………………………… 034
- 2.2.1 据信仰的对象分类 ……………………………………… 036
- 2.2.2 据信仰的具体表现形式分类 …………………………… 044
- 2.2.3 据信仰的目的性分类 …………………………………… 050
- 2.2.4 据信仰的场所分类 ……………………………………… 061
- 2.2.5 据信仰的时间分类 ……………………………………… 065

2.3 晋中地区传统村落信仰文化空间分析 …………………………… 071
- 2.3.1 晋中传统村落信仰文化空间符号学阐释 ……………… 071
- 2.3.2 晋中传统村落信仰文化空间意义分析 ………………… 075
- 2.3.3 晋中传统村落信仰文化空间特点分析 ………………… 079
- 2.3.4 晋中传统村落信仰文化空间层级分析 ………………… 086
- 2.3.5 晋中传统村落信仰文化空间流变分析 ………………… 093

第3章
晋中传统村落中的信仰文化空间布局研究

3.1 晋中传统村落概述 ………………………………………………… 103
- 3.1.1 晋中传统村落的人文地理环境 ………………………… 103
- 3.1.2 晋中传统村落的物态环境 ……………………………… 105
- 3.1.3 晋中传统村落的功能类型 ……………………………… 113
- 3.1.4 晋中传统村落的分布特征 ……………………………… 118
- 3.1.5 晋中传统村落的形态特征 ……………………………… 126

3.2 晋中传统村落中的信仰文化空间布局典型案例分析 ·················· 132
- 3.2.1 山地型村落中的信仰文化空间布局研究 ························· 132
- 3.2.2 组团型村落中的信仰文化空间布局研究 ························· 137
- 3.2.3 带状型村落中的信仰文化空间布局研究 ························· 140

3.3 信仰文化空间——晋中传统村落场所的标识 ························· 143
- 3.3.1 地理位置上是村落和院落民居的核心 ····························· 143
- 3.3.2 人文景观环境上是村落的特质 ·· 145
- 3.3.3 传统村落文化和精神上的主导 ·· 147
- 3.3.4 工艺和形制上代表了村落水平的至高级 ························· 148
- 3.3.5 聚落结构和社会（宗族）结构、村落结构的重要组成 ······ 150
- 3.3.6 属于农村民俗文化活动领域，是村落生活方式的重要成分 ····· 153

第4章
促进晋中传统村落信仰文化空间保护传承途径的探索

4.1 提出保护的社会依据 ·· 157
- 4.1.1 外部依据：制度的变迁 ·· 158
- 4.1.2 内部依据：大众化的需要 ·· 160

4.2 促进村落信仰文化空间可持续发展的外力整合途径 ············ 163
- 4.2.1 历史文化名镇（村）保护制度 ··· 163
- 4.2.2 建设社会主义新农村的基本国策 ···································· 167
- 4.2.3 非物质文化遗产的保护政策 ·· 168
- 4.2.4 信仰文化空间的价值参考体系 ··· 170
- 4.2.5 文化空间的动态演变与文化功能的合理转换 ················· 170
- 4.2.6 人和资金 ··· 172

4.3 保护传承中应注意的问题 ·· 175
- 4.3.1 过度商业化 ··· 175

- 4.3.2 情境性 ··· 176
- 4.3.3 文化创新 ··· 177
- 4.3.4 客观对待 ··· 178

4.4 保护传承的三种模式 ··· 180
- 4.4.1 保护的模式 ··· 181
- 4.4.2 发掘的模式 ··· 181
- 4.4.3 引进的模式 ··· 182

第5章
结语

附　　录 ··· 191
参考文献 ··· 208
致　　谢 ··· 217

第1章 传统村落信仰文化空间概述

1.1 几个概念

1.1.1 传统

传统的解释有许多种。《辞海·传统》认为，传统是"由历史沿传而来的思想、道德、风俗、艺术、制度等"，"传统是各种文化类型里面的基本核心，或核心精神"，"所谓传统，是从历史上得到的，并经过选择的这样一种东西"。这些解释，都把"传统"的本质认作一种事物，即传统是"由历史沿传而来的"或"是从历史上得到的，并经过选择的"。事实上，传统并不止这个意思。以上对传统的释义，认为它是"一种东西"，指某种事物；至于传统村落词组中的传统则又是另一种意思，这里的传统表示一个阶段或过程，是指历史上沿传某种东西（或事物）的阶段，在这个阶段中，某种事物或东西经过了产生、完善、成熟、衰弱的生长发展过程，当然，在这期间，该事物或东西可能有过修正、补充或精炼，但其本质性的东西仍然贯穿于整个生长发展过程，这就是此处所说的传统。从这个角度来理解传统就容易理解本书的主要命题了，比如汉族的传统民族服装，自炎黄时代黄帝"垂衣裳而天下治"始直到明末，汉族在近四千年间根据自己的生活习性、审美理想、哲思理念，结合经济条件和生产水平发展形成的一整套独具特色的服装体系，是世界上历史悠久的民族服装之一。在现代，它被广泛提倡作为礼服运用于祭祀、成人礼、婚丧嫁娶、传统节日、传统文化活动等体现民族文化的场合，同时还有居家便服丰富着人们的日常生活。

传统的现代意义可以认为是人类创造的不同形态的特质经由历史凝聚而沿传的、流变着的诸多文化因素构成的有机系统。基本内涵：①一般是指贯通古今以至未来的某种流变着的根本性的东西；②经历史沿传下来的具有一定特色的文化、思想、心态、道德、风貌、宗教、艺术、制度等"遗传因子"；③各地区、各民族所创造的传统具有各不相同的形式和状态[1]。尽管传统的定义林林总总，但就其基本特征而言，

---

[1] 王威，王明超. 园林建筑的传统与现代[J]. 民营科技，2012（2）：294.

传统应具有历史性、遗传性和地区性。中国是一个有五千年文明历史的国家，是一个有传统的国家，但是在现代人身上，传统承载量却非常小。

1.1.2 村落

《史记·五帝本纪》中记述："一年而所居成聚，二年成邑，三年成都。"在《汉书·沟洫志》中有："或久无害，稍筑室宅，遂成聚落。"古代的聚落即村落，后来扩展为人类聚居的场所。由于聚居人口增多，聚落形态发生了变化，并因都市的出现而分为农村聚落和城市聚落。农村聚落有广义和狭义之分。广义的农村聚落是指除城市以外，位于农村地区的所有居民点，包括村落和集镇。狭义的农村聚落是指村落，是以农业（包括耕作业或林牧副渔业）生产为主的居民点。村落中人们居住、生活、休息和进行各种社会活动的场所，也是人们进行劳动生产的场所。这些场所构成了农村特有的景观体系，它由聚落景观、经济景观、社会景观和文化景观组成。本书所指为前者。

村落是农业社会中一个或数个血缘群体共同居住、生产、生活、繁衍在一个边缘清楚的固定地域所组成的空间单元。它是社会基层文化的集中体现，它不仅是建筑的实体，同时也是地方文化、地方精神的物质体现[1]。村落的构成主要包括硬件和软件两个方面，用文化的术语表述称为物质文化和精神文化，前者包括地域环境、村落选址、街道民居、水井涝池等特殊设施等；后者包括家族组织、村社管理、神灵崇拜，乃至以村落为空间所形成的社火、庙会、祈雨、祛灾等民俗事项，由地理环境、聚落景观、历史传统、民俗风尚等多方面复杂的因素综合而成。一句话，村落无论在物质生活还是精神生活等层面都形成了"自足"的生活格局。村落不仅是物质的，还是精神的，村落不仅是空间的，还是时间的。村落是一个有机的活体，它有自己的个性、灵魂。村落的灵魂是它所体现出来的文化。文化包括三个层次（图1-1）：其核心部分是精神的内容，即精神、宗教、文学、艺术和意识形态层次。第二个层次是生活方式所表现出来的文化特色，如风俗、衣饰、饮食、节日、礼仪等的方式与形态。第三个层次即村落的外部形态，如村落的平面布局、主体建筑、街道的文化风貌等。村落

---

[1] 刘沛林. 古村落：和谐的人聚空间·代序[M]. 上海：上海三联书店，1998: 2.

的这三个层次互相制约形成一个文化整体。一个村落的生命之"源"往往缩影在非物质文化形态的生活、生产中，找出古村落的"文化基因"，才能让古村落"活着"，这对拯救和保护古村落具有至关重要的作用。

目前对古村落的界定尚无统一的口径，学者们从不同的视角对古村落进行研究，形成了不同的古村落认定标准。中国古村落保护与发展委员会认为，古村落就是那些上溯源头在明清之前、至

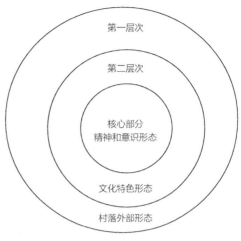

图1-1 村落文化的三个层次

今已有五六百年历史的村寨聚落。陈志华教授总结古村落的六个特点为：年代久远；科名成就很高；与自然融为一体；村落规划出色；有书院和村塾；有公共园林。刘沛林先生则认为，古村落是古代保存下来的，村落地域基本未变，村落环境、建筑、历史文脉、传统氛围等均保存较好的村落。丁怀堂先生认为只要满足以下四个条件的村落即为古村落：要有比较悠久的历史，而且这个历史还被记忆在这个村庄里面；要有丰富的历史文化遗存，这个遗存包括物质的，还包括非物质的；要基本保留原来村庄的体系；要有鲜明的地方特色。本书认为古村落是蕴含着丰富的历史文化特色，地域基本未变，村落环境和历史文化遗存保存较好的村落。

古村落是中华民族精神家园的一个载体，是中华文明的一个出发点，构成了中华民族的家园感和归属感。例如晋中和顺许村有着两千多年的历史，春秋时期建村，从明清到民国，从"解放"到"文革"，各个时代的建筑都有着清晰的历史线索，统一于这个村庄里。许村是原始古村落风貌在太行山这块土地上的完整版本，呈现出最鲜明的地域特色和物质形态，它丰富了许村人的感情世界。文化是一个地域的灵魂，有文化才有神韵。在这个极速城市化的时代，许多城市为了美化市容，把旧房子都拆掉，许多人认为房子只有一个居住的功能，拆了旧房子没有惋惜，对祖宗留下来的东西视而不见。但是，一个民族的文化存活了，这个民族才能存活，否则，相反。

随着社会经济的发展，对传统村落历史文化内涵的深入研究，以及对遗产资源保护的日益重视，人们对传统村落概念有了新的理解。从历史研究和文物保护的角度，

传统村落的概念涵盖了三层意思：一是历史和使用价值，强调传统民居建筑群的年代久远性、遗留性和沿用性，即至今仍保存完好，且为现代百姓沿用和居住；二是研究价值，传统村落必须具有一定的研究价值，包括传统文化价值、科学考察价值和历史见证价值；三是遗产价值，传统村落应具有遗产或遗产资源的特征，并对其实施保护。所谓遗产是指被联合国教科文组织录入世界文化遗产目录的传统村落，如安徽的宏村和西递。遗产资源，它类似于英国的"历史环境"（historical environment），是指目前尚未录入世界文化遗产目录，但它包含有遗产要素，具有遗产价值和潜力，是未来遗产的候选者，而且是需要进行保护的资源。晋中绝大多数传统村落属于这一类。

1.1.3 信仰、迷信和宗教

自2006年国务院颁布"文化遗产日"和国家首批非物质文化遗产名录以来，"非物质文化遗产"成为越来越热的一个概念。在全国非物质文化遗产提名与保护过程中，遇到的最大问题或疑虑，就是其中的民间信仰与迷信问题。信仰的本质是迷信，迷信分为民间迷信和封建迷信。本书研究的村落信仰文化指其中的民间迷信，俗称民间信仰，归于农村民俗文化活动领域，是农村社会村落生活方式的重要成分。对于民间信仰与封建迷信的区别，主要是价值追求、过程方式、结果与影响。民间信仰首先在价值追求上应该是善的，过程与结果应该是无害的，"无害原则"是民间信仰的底线。真正的信仰，会给人带来内心的平安愉悦、人格的提升和成熟，它能够使人正视人生的苦难和艰难，保持积极进取和精神、心灵的不断完善，而绝非单单着眼于现实利益的角逐和争斗。可以说，无论现实如何苦难，真正的信仰，都是有能力成为他人和世界的祝福。纪晓岚曾说过："孔子说，敬神如神在，而不是敬神则神在。"要用敬畏的心才能感觉到信仰的价值。

丹尼尔·奥弗迈耶更是直截了当地指出了民间信仰是理解中国社会发展不可忽视的存在。他在不少的文章和论述中都表明了这样的观点，即中国民间宗教信仰是一个真实的存在，从量化的角度看，民间宗教信仰作为中国文化和价值的主体已经有两千多年的历史[1]，几乎每个人都是参与者，从皇帝到乡间的农夫。显然，不能理解这一

---

[1] 范丽珠，欧大年. 中国北方农村社会的民间信仰［M］. 上海：上海人民出版社，2013：5.

传统的信仰和价值，我们便无法真正理解中国的过去和现在。

无论从联合国教科文组织的《保护非物质文化遗产公约》（后简称《公约》），还是我国非物质文化遗产名录来看，民间信仰虽然没有作为一个直接提出的名称，但毫无疑问属于非物质文化遗产，因为实际上大量的民俗、节日、歌舞都与民间信仰有关或者就是民间信仰的表现形式。乌丙安先生的《中国民间信仰》把民俗分为四个部分：经济、社会、信仰、游艺。由此也可以看出在民俗学中是把信仰归为民俗的，按照《公约》和国家名录的要求，当然也就属于保护之列了。

所谓民间信仰，一般是指有别于正统宗教的、在民间自发形成的多神崇拜。民间信仰的一个重要特点是具有鲜明的区域特色，而当民间信仰体系化、制度化，甚至产生组织管理体系之时，它就上升为宗教了。千百年来，这些民间信仰在生活传统中形成，成为不同地区的人们文化与精神生活的一部分，它不仅规范着人与自然之间的关系，还维系着人与人之间的关系。民间信仰与宗教有着千丝万缕的关系，但民间信仰又与宗教有着明显的区别，乌丙安先生从"十个方面论述了二者的不同"。民间信仰不像宗教信仰有明确的传人、严格的教义、严密的组织等；也不像宗教信仰更多地强调自我修行，它的思想基础主要是万物有灵论；还应该指出的是民间信仰在发展过程中还吸收了一些宗教成分。❶日本学者渡边欣雄指出："汉族宗教的基础及核心是不属于任何宗教派阀的'民俗宗教'。所有汉族所共同拥有的唯一的宗教，正是民俗宗教，它既非道教，也不是儒教和佛教；甚至也不是那些以教义、教典、教团为基础所成立宗教的混合。"❷20世纪60年代，美籍华人、著名宗教社会学家杨庆堃教授从宗教类型学角度提出了"泛化宗教"的概念，将民间信仰纳入"泛化宗教"体系中。他指出，民间信仰是一种"泛化宗教"（diffused religion），它与制度化宗教（institutional religion）不同。所谓制度化宗教是指那些拥有独特的神学体系、仪式与组织系统，并与其他世俗建制的社会相区别的宗教，这类宗教在教义上自成体系，在经典上有具体的刊行出版的典册，同时在教会组织上也自成一严格系统，与一般世俗生活分开。基督教、天主教、佛教、伊斯兰教等都属于制度化的宗教。所谓泛化宗教则是指一个民族的宗教信仰并没有系统的教义，也没有成册的经典，更没有严格的教会组织，而

---

❶ 乌丙安. 中国民间信仰[M]. 上海：上海人民出版社，1996：2.
❷ 渡边欣雄. 汉族的民俗宗教——社会人类学的研究[M]. 周星，译. 天津：天津人民出版社，1998：3-4.

且信仰的内容经常与一般日常生活混合，没有明显的区分。在中国传统社会中，制度性宗教的主要代表是佛教、道教；泛化宗教主要是祖先崇拜、社区神崇拜等。在社会功能方面，制度化宗教本身就是一种社会制度，它作为一种独立的社会系统发挥作用，而泛化宗教则是作为世俗社会制度的一个部分发挥作用。❶《中华人民共和国宪法》规定："中华人民共和国公民有宗教信仰自由。任何国家机关、社会团体和个人不得强迫公民信仰宗教或者不信仰宗教，不得歧视信仰宗教的公民和不信仰宗教的公民。国家保护正常的宗教活动。"宗教信仰与宗教文化是一种历史的客观存在，也是我国非物质文化遗产的一个组成部分。

在中国56个民族中，有许多民族文化是与宗教信仰、民间崇拜分不开的。文化部向社会公示的501项"第一批国家非物质文化遗产名录推荐项目"名单中，大部分少数民族的项目都与民间信仰有关。比如大量少数民族的节日、习俗、婚礼、葬礼，乃至民间的音乐、舞蹈，都是各个民族历史文化的反映，都既是信仰，又是民俗，同时又是艺术。❷

而人们平时常说的迷信是指封建迷信，是指人们对事物过度盲目的非理性崇拜，是反科学的，是对人有间接或者直接伤害或者有目的的，蛊惑人心，而又对人没有任何好处，本质特点就是骗人敛财，因此在现代中国的意识形态观念中是个明确的否定性的概念。

1.1.4 文化的释义：理解村落文化空间的起点

从17世纪德国法学家普劳多夫初步确立文化的概念后，学者们就文化的内涵和外延展开了诸多争论，形成了许多流派。20世纪中叶，美国文化学家克罗伯在总结前人理论的基础上，提出了比较为大家公认的文化定义："文化是一种架构，包括各种内隐或外显的行为模式，通过符号系统习得或传递；文化的核心信息来自历史传统；文化具有清晰的内在的结构或层面，有自身的规律。"❸文化是人化过程中所呈现的内涵

---

❶ 转引自：YANG C K. Religion in Chinese society: A study of contemporary social functions of religion and some of their historical factors [M]. Berkeley: The Regents of the University of California, 1961: 294-295.
❷ 田青. 非物质文化遗产保护三议 [J]. 文艺研究, 2006（5）: 30-35.
❸ 转引自：庄春波. 文化哲学论纲 [J]. 管子学刊, 1996（1）: 277.

与形态及其历史情状，中国文化自古持续着上观天文以察时变、下观人文以化成天下的模式来显示自身的文化策略并演绎华夏文明。文化是一个过程，也是一个阶段性的文明显示。文化包含两部分：作为文化活动结果的这一部分，是传统文化；作为对传统文化的修正、补充、更新的另一部分，就是现代化。它们作为文化的一体两面，共时态地位于个人、社会当下生存活动的方方面面。换句话说，传统文化、现代化共同构成了人的生存活动的本身❶。文化是一座桥梁，一座连着过去与现在、传统与创新、物质与精神、理智与情感、人类与自然以及地区与地区之间、民族与民族之间的桥梁，而不是断绝的鸿沟。文化只有和历史链接方成真正意义上的文化。文化作为历史的投影，是一个在特定的空间中发展起来的历史范畴，世界上不存在超越时空的文化。不同的民族在不同的生活环境中逐渐形成各具风格的生产方式与生活方式，养育了各种文化类型。同一民族又因生活环境的变迁和文化自身的运动规律，在不同历史阶段，其文化呈现出各异的形体，所谓"文变染乎世情，兴废系乎时序"。文化传统是由历史沿袭而来的思想、道德、风俗、艺术、制度等与人类实践活动有关的各种生活方式，它产生于文化的继承性和变异性相统一的特性中，即任何时代的文化都是在前代文化的基础上形成和发展起来的❷。在城市产生以前，人类处于乡村聚落的聚居状态。因此，文化最初表现出来的是一种乡村文化，传统村落是民族文化的源头和根基，在社会飞速发展的过程中，在物质财富极大丰富的条件下，在科技发展几乎无所不能的情况下，人们越来越感到需要一种东西来平衡心理，传统村落是人类的昨天，如今这里已成为人类的心灵驿站。

　　文化是人类的一个重要构成，这已经是一个不争的事实。人的文化不是与生俱来的，而是起始于自然世界中，人猿为了自己的生存而引发的一种被称为"自意识"的事物存在。人类的祖先的一些行为比如用火、制造工具，使他们意识到自己的存在，这就开始了人类文化的创造。自意识是人类在自己的物质生存需求中产生的，也就是说，是人自己创造了自己的文化，并进一步地生存于其中。但在最初的文化创造中，人类的文化意识是受制于物质的，人类的文化多局限于物质的存在形式，是人类在物质的形式中积累自己的文化意识。这时候，人类所有的意识都是混沌的，只有自然物

---

❶ 孔令宏. 传统文化与现代化的共时性存在[J]. 现代哲学，1997（2）：71-74.
❷ 张松. 历史城市保护学导论[M]. 上海：上海科学技术出版社，2001：23.

质与人的意识的区别，而不可能有今天所说的物质意识和精神意识的区别。后来，人有能力把自己感觉到的意识加之于物质，使物质的存在形式从自然存在变为以人的意识为前提的存在的时候，人在这样的非自然物质形式的存在中就"发现"了自己的存在。在这种物质意识的存在基础之上，人们又发现了比之更为重要的人类文化形式的存在，这就是精神意识的形式。从这些意义上来说，是人创造了自己，并使自己生活在自己创造的越来越精细的文化中。人自己创造的文化不但改造了人的属性，也改造了人的本性。人们清楚地认识到，文化是一种力量，是可以使人类的现实生活变得更好的一种力量。今天所说的、所研究的非物质文化遗产，也应该是一种基于这种认识的作为。另外，以上关于人类的文化和文化的人类的认识，也可以说是研究非物质文化的基础性认识。

正如迈克·克朗认为的那样，文化是一整套的思想观念和价值观念。它赋予了不同生活方式以深刻的意义，生活中那些物质的形式和具有象征性的形式均产生于这些思想观念和价值观念。文化不仅包括戏剧、歌剧、艺术、文学及诗歌等高雅的象征性活动形式，还包括那些推动文化发展的机构以及民间文化和日常生活文化。❶ 具体来说，包括所有国家和民族的历史地理、风土人情、习俗习惯、生活方式、宗教信仰、行为规范、思维方式、价值观念、语言文字、文学艺术、科学技术、各种制度等。文化具有鲜明的地域性、民族性、继承性。影响文化的因子有地理、历史、自然环境、家庭社会结构、村落模式、政治经济体制、宗教、人口和经济活力等（图1-2）。

文化是一个民族的灵魂和精神支柱，是民族的理想信仰、价值取向和情感寄托的精神凝结，深深地影响着

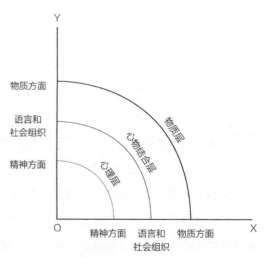

图1-2 影响文化的因子（马氏和庞氏文化结构示意图）
来源：陈凯峰. 住宅建筑文化论［M］. 厦门：厦门大学出版社，1994：16.

---

❶ 刘合林. 城市文化空间解读与利用［M］. 南京：东南大学出版社，2010：38-39.

民族的心理、性格和精神世界。文化是一个民族赖以生存发展的内在动力，是维系社会和谐的精神纽带。一个人的人生要有意义，得有文化。一个国家、一个民族要兴旺，得有繁荣的文化。曾经有句话是这样说的，一个国家破亡而文化存在的民族，一定可以恢复国家（比如以色列），但一个文化破亡了的民族，无一例外地彻底从历史舞台上消失了，比如古巴比伦等。正是由于某些传统文化的精髓丢失，我们的社会才变得越来越千奇百怪。

1.1.5 空间与场所

场所有界，空间无限。空间无处不在，场所则不是。"场所"有空间特性，而空间并不都具有场所性。段义孚在讨论空间与场所的关系时认为，从经验上讲，空间的意义通常是与场所的意义覆盖和交合的。"空间"比"场所"更为抽象。当人们刚开始面对一个新的、陌生的地方时，周围的环境是没有区别的，都是没有特征的空间，当人们逐渐认识它并赋予其价值后，它便成为"场所"。人们会说某地点具有"一种场所的感觉"，这是因为场所具有安全感，而空间代表了自由。空间和场所是生活世界的两个基本组成部分。那些具有悠久历史和鲜明特征的村落都处在一个十分独特的场所中，而且这些村落中的空间的存在有赖于那个独特的场所的存在。当一个人自小生活在一个有井、有庙、有古树、有戏台的具有传统文化特征的村落中，这个村落具有自我封闭特征，犹如自给自足世界。那么当这个人偶尔去到大城市，那里给他的感觉则犹如汪洋，是一种开放、广阔和没有限制的空间。这说明，对很多人来说是场所的地方，对一些人来说可能并不具备场所的特征。一个地点和空间是否能够成为场所，还需要与"家"或"家园"的营造活动联系起来，场所需要经营、培养和创造，场所的固定性和连续性是人类生活（存）的一个必要条件❶。

场所是指通过人们的认知和使用，能与人们所领悟、期待的结果相符的一个整体意义上的空间概念。据舒尔茨对场所的界定，文化场所包括三个构成要素：静态的实体环境、活动和寓意。实体环境是场所赖以存在的实体空间，是场所的物质外壳，如建筑景观、建筑质量、建筑造型和周边建成环境等。活动是发生在这一实体环境内的

---

❶ 沈克宁. 建筑现象学 [M]. 北京：中国建筑工业出版社，2008：20.

各种人类行为及其对实体环境的影响。寓意是处于场所内的人与场所之间的情感联系以及场所给予活动者的各种体验和记忆。

舒尔茨还认为，空间的中心是行为的场所，行为是与某一场所开始发生关系时才有意义作用，同时，场所的特征赋予行为不同的色彩。他同时还提及时间与场所的关系，"事情的发生，亦即某种事情占据场所"，对具有存在意义的事件来说，场所是体验它的目标与载体。❶事件与场所是动态的共生关系。一种让人留下美好记忆的有意味的空间，往往与其中发生的事件关联着，形成一组关联的记忆簇，所以场所是具有清晰特征的生活发生的空间。建筑的存在目的就是使得原本抽象、无特征的同一而均质的"场址"（site）变成有真实、具体的人类行为发生的"场所"（place）。人们必须关注的是符合人行尺度的、内容丰富有吸引力的场所，而非符合车行尺度的场所，必须发掘场所的个性、独特性以及不同场所间的差异性。

正如罗西所说，每一个城市都会有由古老传统形成的"灵魂"——城市精神，充满着生命活力的感觉以及美好憧憬，在传统村落中更是如此。特定性空间是由场所中所发生的特定的事件而产生的，传统村落中的空间是让人难忘的、突破物质性空间的、给人以回味的情感空间——场所，这种空间甚至会让人们感动。村落空间强调的是空间的内在意义及其艺术感染力而不是外在形式，它更多地关注内涵和本土文化，关注其中承载的生活及其感受，关注人的情感的表达（表1-1）。

由空间向场所的过渡　　　　　　表1-1

	空间	⟶	场所
性质特点	空间的功能	空间的形态	空间的内涵（场所）
	可置换的	物质的	无形、难忘的、趣味性
	理性化	个性化	个性化+人性化
	功能类型	风格倾向	突出场所感
	客观的	主观的	主客观融合的具体的意象关系群
人的感受	定向	定向	不定向

来源：陆邵明. 建筑体验——空间中的情节[M]. 北京：中国建筑工业出版社，2007.

---

❶ 舒尔茨. 存在·空间·建筑[M]. 尹培桐，译. 北京：中国建筑工业出版社，1995：23.

1.1.6 非物质文化遗产（存）

非物质文化遗产作为一个出现率较高的词语，实际上是建立在"文化遗产"核心概念基础上的一个派生词汇，因此，要界定"历史文化遗产"则首先必须了解"文化遗产"。关于"文化遗产"的含义，联合国教科文组织成员国于1972年11月16日在巴黎通过的《保护世界文化和自然遗产公约》中给出了一个描述性解释。该公约对"文化遗产"的定义为：古迹指从历史、艺术或科学的角度考虑，具有突出普遍意义的建筑物、雕刻、绘画，具有考古价值的附件或构造物，如铭文、洞穴及其组合；建筑物指从历史、艺术或科学的角度考虑，因其建筑的形式、和谐布局及其在景观中的地位，具有突出普遍意义的独立或有相互联系的建筑群；遗址指从历史、美学、人种学或科学的角度来看，具有突出普遍价值的人工或人与自然共同作用的区域，包括考古遗址区。

不难看出，上述的"文化遗产"定义是一种静止的物质性定义，具有实体特征。近年来，随着人文精神的进一步觉醒，文化遗产的含义发生了较大的变化，"文化遗产"逐渐被发展为一种内容更加丰富的概念，体现为由静止的"古代遗物"形态延伸到可移动的非物质文化形态（地方语言、传统技能、生活方式等），甚至扩大到整个遗产物的自然环境。这种含义的变化意味着广义的遗产概念正逐渐形成并获得认同，也印证了人类对于自身发展的认识水平有了极大的提高。政府间国际组织——国际文化财产保护与修复研究中心（ICCROM）强调指出，把"文化遗产与自然环境保护相结合，可移动的与不可移动的相结合"，可移动非物质文化遗产也日益受到各国的重视等，正充分体现了这种趋势。总体来看，当前的文化遗产的含义已经突破了孤立狭隘的物质论认识，其具体内容基本涵盖了前人创造的全部物质财富和精神财富，以及与人类实践活动有关的自然景观之历史遗存和传统文化载体（或表现形式）❶。

援引《保护非物质文化遗产公约》的定义："非物质文化遗产指被各群体、团体，有时为个人视为其文化遗产的各种实践、表演、表现形式、知识和技能及其有关的工具、实物、工艺品和文化场所。各个群体和团体随着其所处环境、与自然界的相互关系和历史条件的变化不断使这种代代相传的非物质文化遗产得到创新，同时使他们自己具有一种认同感和历史感，从而促进了文化多样性和人类的创造力。"非物质文化

---

❶ 戴彦. 巴蜀古镇历史文化遗产适应性保护研究 [M]. 南京：东南大学出版社，2010: 18-19.

遗产的一般特性（相对物质文化遗产而言）有非物质性、延续性、传承性与变化性、"活态"性、生活的普遍性、不可再生性和区域的差异性。非物质文化遗产包括了人类的情感，包含着难以言传的意义和不可估量的价值。一个民族的非物质文化遗产，往往蕴藏着传统文化最深的根源，保留着形成该民族文化的原生状态以及各民族特有的思维方式等。

非物质文化遗存是在非物质文化遗产概念的基础上提出的，具体内容大致一样，只是非物质文化遗存的价值不一定上升到遗产的高度，但是对当地老百姓有一定的影响，在当地老百姓中一直在做，起到保持村落文化的作用。

1.1.7 文化空间：非物质文化遗产和物质文化遗产间最直接的纽带

1997年11月召开的第29届联合国教科文组织（United Nations Educational, Scientific and Cultural Organization，简称UNESCO）成员国大会上正式通过的23号决议所接受的非物质文化遗产概念中提及"文化空间"这个表述，在后来教科文组织所颁布的《人类口头和非物质遗产代表作申报书编写指南》中予以具体阐述。文化空间（cultural space）属于非物质文化遗产的一种具体表现形式，其中的空间实质上就是指民间以及传统文化等方面活动所对应的地域，同时也涉及相应的具有周期特点的时间等。这一概念在引入我国的过程中，考虑到公众理解方面的需要而被译为"文化场所"。

通常说来，文化空间/文化场所最初是指拥有一定文化意义及特征的物质性场所、空间及地点等，涉及文化遗产的保护领域，这一概念主要指向文化相关的遗址、群落及宗教活动相关的殿堂、庙宇等各种建筑。在非遗保护工作中，文化场所作为一项文化形态而存在，并具有其独特的文化指向意义。也就是说，文化空间所对应的人类学定义实质上反映的是民间以及传统文化活动发生的集中地，同时又反映与特定周期及事件相应的时间段，而文化活动则对上述的集中地和时间段等具有决定性的作用。其中，针对文化空间这一概念还特别强调了其人类学意义，而人类学又不同于文化遗产学、文物学等，后者拥有具体可感的物质实体及其对应的特定时空形式。基于人类学意义的文化空间因而也和传统的文化空间存在差异，这也就意味着，人类学意义上的文化空间还涉及其他的一些内容。具体来说，基于人类学的文化空间通常都包含了一定的物化形态，同时又涉及人们的一些规律性的活动，并且这些规律性活动还呈现出一定周期性、时令性、季节性的重复，进而构成特定的文化形式等。另外，文化空间的意义还可作三层具体分解，其属于一种文化意义的物理或自然空间，具有具体的物质形态的特定"场"；文化空间所对应的"场"中存在人们的活动及其对文化的定位，也就反映出一种文化场的意义；在满足上述两个具体方面的意义的基础上，文化空间还强调了其中的"在场"性意义，而人类学层面的文化空间也就是非物质文化遗产的文化空间。

另一方面，文化空间的主要价值以及对其展开相关具体研究的理论基石在于其能够真实又完整地保存特定非物质文化遗产，并保留其中的原生态特性。文化空间既是某一社群成员的共同创造物，同时又为社群内所有成员共享。在特定的文化空间中，其具体文化和艺术形式往往是紧密结合共生的，因此，对文化空间的认识、理解和把握等也不能抱有分割、片面的眼光，而应从整体角度来理解。可以说，非物质文化遗产的相互关联性和混合一体的特点即构成其主要价值。

这里所说的文化空间是指为传承和保护非物质文化而修复的空间载体。在历史建筑和街区保护中，与具体的建筑相关的非物质文化（如传说故事、民俗活动、圣贤英烈史迹、历史事件等），承载着历史文脉，代表着地域的主流或典型文化。在保护过程中必须找到其合适的载体（人、场域、工具、行为、仪式），这类非物质文化才能够得以有效传承。但是随着历史的变迁，历史环境中有些重要的历史建筑已经不存在了，如原有的寺庙、书院、当铺等公共建筑。这些建筑有很强的文化认同性，也具有地域的标志性，是构成历史环境的重要组成部分。因此，历史环境的保护也包括了对已不存在的重要建筑的修复，这样的建筑主要是为非物质文化的传承与保护提供空间载体。

文化空间同时具有自然属性和文化属性，并且其文化属性又具体体现在其多元性、规律性、周期性、综合性、社群性以及娱乐性等方面。就文化空间的具体体现形态来说，其自然属性方面体现为文化广场、宗教信仰场所、城镇集市、祭祀场所、山岛湖泊等；而其文化属性方面则体现为民间节庆、宗教活动纪念日、规律性的集市、重要的祭祀活动日、民间娱乐性节日、地域性或民族性的文化传统等。可见，文化空间在很大程度上构成了一个活跃的、动态化的文化遗产，同时也属于非遗的一种极为典型、活态的表现形式❶。

---

❶ 向云驹. 文化空间的基本特征 [J]. 思想工作，2008（9）：21.

一般来说，非物质文化遗产总是凭借一定的物质载体而存在，其并非单一化的意识形态，但这并不意味着仅仅关注其物质载体层面就能把握其要义，我们还有必要发掘物质载体中蕴含的精神文化内容及历史传统等。具体如中国传统的剪纸艺术，如果仅仅关注其中的各种精美图样，其实是很难真正理解这一艺术的，人们更应关注这一艺术活动的主体，该主体在剪纸艺术活动中的相关技艺，该主体在民间习俗、民间文化、民间信仰等方面的特征，以及剪纸艺术的存在时空及其所承载的民间习俗方面的功能等。又如中国民间很多宗族祠堂前都配有相应的戏台，祠堂与戏台可以说承担了民间聚会及文化活动的举行场所功能，在非遗保护相关工作中，人们在关注这些相关民间建筑的同时，还有必要关注与之相关的各类群体聚会和活动等。那些在宗庙祠堂等场所举办的规律性的庙会活动往往具有极其多样的内容，其中又包含着多元化的民间信仰仪礼：向神祇乞求子嗣、平安、富贵等，还包括各种形式的狂欢化的歌舞娱乐活动，以及商品交换、游艺交友活动等。学术界便将上述相关的举行于一定时空范围内的规律性的民间活动统称为"文化空间"。由此可见，文化空间是非物质文化遗产和物质文化遗产间最直接的纽带。

1.2 传统村落信仰文化空间的构成框架

1.2.1 村落信仰文化空间的概念

本书所研究的传统村落信仰文化空间是指某些需要有特定活动场所的信仰民俗活动所涉及的场所。文化空间属于非物质文化遗产的一种具体表现形式，其中的空间是指民间以及传统文化等方面活动所对应的地域，同时也涉及相应的具有周期特点的时间，还涉及人们的一些规律性的活动，也就是说，在关注相关民间建筑的同时，还有必要关注与之相关的各类群体聚会和活动等。具体到村落信仰文化空间，就是指与民间信仰有关的文化空间，包括信仰活动的时间、事件、空间等。所以本书不仅研究建筑自身，还要研究思维方式、生活习俗与建筑空间的关系，研究范围包括场所及场所中的行为，从社会学的角度，我们可以把它理解成为社会内部业已存在的一些具有某种习俗性且以特定空间相对固定下来的社会关联形式和人际交往方式。举一个简单的例子，在后沟村，举行婚礼的时候是一定要拜天地的，那么拜天地是怎么来的呢？就是婚礼仪式一定要在天地神龛前完成，让天地神来见证人生中最重要的事情，拜天地就由此而来。后沟村的天地龛，龛位一定是设在正房的中间位置，单独占一间，而且神龛的砖雕雕刻精细，比例协调，可以看出天地神在村民心里的重要性（图1-3）。

图1-3　榆次后沟村天地龛

1.2.2　基础要素：人、时间、事件、空间

村落居民是传统文化的创造者、拥有者，同时也应是传统文化的保护者、享受者。首先，村落居民是传统文化的创造者，是文化生态的主体，正是以村落居民为主体创造的文化造就了古村落的根基和灵魂。其次，传统村落是一个活的有机体，生活着传统文化的创造者——村落居民，传统村落才得以保持一定的传统社会文化生活，保存有丰富的文化遗产。

文化空间的时间要素可以从两个角度去理解。一是指联合国教科文组织发布的《人类口头和非物质遗产代表作申报书编写指南》中表述的文化空间概念所指出的，该空间能够被认为是民间以及传统文化活动的发生地，也可被视为呈现规律性及事件性的特定时间段。笔者发现，在晋中村民心目中，初一、十五是上香的神圣时间，据当地民众介绍，有三种说法：其一，初一、十五为佛教十斋日，必须虔诚；其二，据《地藏经》说，这两日也是诸罪结集定其轻重的时日，如果人能在此日无诸灾难，则能日日平安；其三，初一、十五也为中国道教吉祥日，因此每逢初一、十五，上香的人就非常多。二是指文化空间是某个领域内历史文化的积累，体现着时间延续的文化历程。一种文化空间一定是一种时空统一的实体。故而，表达文化空间的概念，必须充分考虑某个特定时空范围之内的文化演变、发展的过程，因为在不同的时间段，这个文化空间可能具有不同的文化特质，又可能分属于不同的文化类型。保护非物质文化遗产的整体性原则不仅是就空间角度而言，也表现在时间角度上。如果仅仅关注文化遗产所对应的历史形态，便很容易导致对文化遗产的定位偏差，将其视为过去的历史产物而抹去其现时的和未来的重要意义，从而否定其变化发展层面的含义，致使文化遗产沦落为化石。

非物质文化遗产存在着对时空的依赖，当然，一部分表演形式的非物质文化遗产，如戏剧、戏曲、杂技、武术、歌舞等，在很大意义上说，能够在不同地域内同时呈现，其表演活动所对应的舞台布景实质上应是相关非物质文化遗产的发生语境，也就是说，这类"非遗"项目依然沿着时空统一规律来发展，而相关民间表演艺术的去语境化所体现的依然是一种"舞台真实"。但是本书研究的信仰文化空间是一种地域特色鲜明的非物质文化和物质文化相结合的特殊的文化遗产，例如作为韩国的一项具有较大影响的旅游性节庆活动，江陵端午祭祀活动的相关展演通常都是在特定的时空里举办，同时又严格按照相关规律开展，而并没有根据游客观众的兴趣取向而作出调整。可以说，基于旅游经济效益的考虑来任意调整"非遗"项目原有的时空统一性，或者大肆将"非遗"项目进行商品化、娱乐化的包装等，都将在很大程度上破坏其原生态特性，同时也会不同程度地损害相应社群里人们的文化心理，并且也不利于公众参与到"非遗"项目的保护工作中。又如西班牙富恩特拉比亚人早在1683年即开始举办一种"阿拉德"仪式，该活动也成为相关社群人们的身份以及"神圣历史"的一种有效表征。在1969年，当地政府将原来每年举办一次的这一仪式改为两次以促进地方旅游业的发展，这一做法受到旅游人类学学者的批判，认为相关做法将传统历史文化仅仅作为商品来展示，是对有着深厚历史意义的仪式的直接破坏。

说其具有空间性，是因为民俗信仰作为文化的一种，形成于某一地域，并存在于某个群体内，成为某个群体共同的文化，并指导他们的行为，而且多数的信仰活动需要实体空间来作为载体。活动和空间是不可分的。活动是由这种空间来支撑的。"空间支撑了这种活动，两者形成了一个单元，空间中的一个事件模式。我们当中关心建筑的人很容易忘记，一个地方的所有生活和灵魂，我们所有在那儿的体验，不单单依赖于物质环境，还依赖于我们在那里体验的事件的模式。利马如何？那里最难忘的是什么——在街上吃肉串，小片牛肉心，串在枝上，放上热酱，在敞开的煤火上烧烤。灯光昏暗的利马夜晚的街市，小货车上烧红的煤炭的闪闪的火光，卖主的面庞，围聚起来吃牛肉心的幽暗的人影"❶。于是我们知道了，"建筑和城市最要紧的不只是其外表形状、物理几何形状，而是发生在那里的事件"❷。

一般认为，人与空间构成了文化空间最为关键的要素（图1-4）。在以往的相关观念中，不管是涉及复原或重建一些历史古建筑，还是涉及保护相关的传统街市、古镇等，往往都将焦点集中于相关的空间及物质方面，而与此相反，并未重视相应空间中活动的人，这类做法总会不同程度地破坏原有的文化氛围。可以说，一旦将非物质文化遗产和相应的物质载体分离，则很可能导致文化空间的消解，进而致使"非遗"项目失去存在的空间，暂时保留下来的那部分也将面临生存危机。

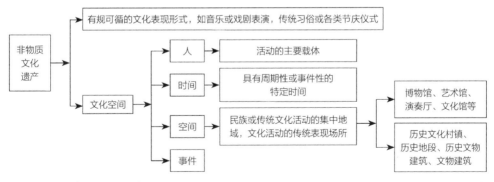

图1-4 文化空间的构成要素

---

❶ 亚历山大. 建筑的永恒之道[M]. 赵冰，译. 北京：知识产权出版社，2002：50.
❷ 亚历山大. 建筑的永恒之道[M]. 赵冰，译. 北京：知识产权出版社，2002：52.

1.2.3 文化景观：魅力要素

文化景观是人们通过自己的活动有意识或无意识地改变自然环境，附注于一定的地域特色文化，形成一种文化与自然的复合体。从"文化景观"的字面意思来理解，其包含文化和景观两个主要成分。"文化"是无形的，"景观"是有形的，文化景观由非物质与物质两种形式体现出来：前者是用心去体会，不能直观地看见，如生活方式、风俗习惯、文化氛围、宗教信仰、风土人情等；后者是可以直观地用肉眼看到，有各自的形态、色彩、功能，并给人留下深刻的印象。文化景观强调了景观所内隐的文化因子，例如价值观念、审美情趣、历史典故等。因此，对文化景观的审美和感知需要一定程度的信息加工和理解才能领会其内含的文化意义和价值。

有一段话是这样描述神庙的："神庙的外墙既遮蔽着风雨，又保护着庙中的神像，墙体建在高大的柱廊后，像是对自然力的略微退让，却又永恒地屹立在旷野之上。砖石上雕刻着抽象的几何纹样，经过打磨、上色，精工细作而成。神庙尺度非凡，并不沿用人体尺度，而是参照神像的巨大尺度来设计。根据神庙的体量来确定基本尺寸单位，结构本身有自己的比例关系，这一手法促成了神庙独立于客观世界之外的特征。作为神主的房子，神庙不是服务于芸芸众生的物质需求的。'神庙'原型不是真实存在的神庙，而是一个抽象概念。神庙往往建于抬离地面的平台上，平台就是它的基础。平台既是神庙几何序列的起点，也是其与现实世界的分界。即使是平台之上没有'神庙'，它本身就已形成一个独特的场所——兀立于基址之上，高出地面，表面平坦，与自然分离，这就是其特征所在（图1-5）。"❶作为信仰的物质载

图1-5 神庙的文化景观性

---

❶ 段存贤."有机建筑"——源于自然的建筑观 [D]. 上海：同济大学，2007：10.

体，神庙这种有形的景观就是这样深深地刻入人的脑海，使人难以自拔，小到村落信仰文化空间所涉及的一口井、一棵树，甚至一颗石头等都在述说着心底的故事。

而村落文化景观同样属于人类和其生存的自然环境共同作用而形成的产物，这一文化景观既包括人类的创造物，又包括人类活动本身。村落文化景观反映了村落社会中人们的多元化智慧，也体现了人类与其所存在的自然环境的关联，它既不同于人工景观，也区别于自然景观，而属于一种承载农业文明成果的人类劳动的产物。按形态可以分为物质文化景观和精神（非物质性）文化景观。前者是在大自然提供的物质基础上创造出来的那些看得见、摸得着的文化凝聚物，与人类的生产、生活密切相关，如农田、道路、建筑、园林等，其主要的特征是可视性；后者是在客观物质环境的作用下，人的文化行为所创造的那些虽看不见却可以感知的文化创造物，如语言、法律、道德、宗教、价值观、音乐等。村落文化景观具有极其丰富的意义，它既是人和自然和谐共处的具体体现形式，其中又蕴含着人类丰厚的历史记忆、丰富的文化资源以及民间传统方面的信息等，同时还构成了人类社会发展历程中的一项重要文化遗产。另外，村落文化景观还预示着人类对未来生活环境的追求，其中的多样性特征有着关键性的文化象征意蕴。村落文化景观也属于一种对过去农耕文明的记忆，并带有较强的地域性特点，反映了一种地区性的历史沉淀（图1-6）。

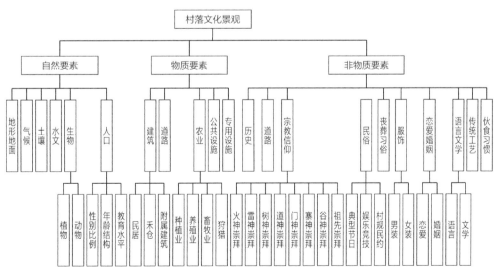

图1-6 村落文化景观构成要素结构图
来源：吴小华. 村落文化景观遗产的概念、构成及其影响[J]. 古今农业，2010（4）：87.

每个文化景观都是特定时代的产物，必然带有创造或生产它的那个时代的特点，文化景观就如同社会文化史的"化石"。文化景观的功能可能一直没有变化，也可能发生了某些变化。文化景观功能的变化反映了所在地区文化的变迁。例如唐诗《忆旧游寄谯郡元参军》中提到的晋祠，该祠就是宗教文化景观。如今，晋祠的功能更为丰富了，如宗教圣地、历史文化旅游资源等。

宗教对传统村落的形态和景观有较大的影响。自原始社会开始，村落形态就表现出了以祭祀为中心的向心性，祭祀中心的发展可以是宗祠或寺庙，有的则合二为一。村落中人们信仰的是多神并存的民间宗教，以中国古代精灵崇拜为基础，混合了儒道佛的教义而成，其中以道教成分最重。

随着各地古村落的急剧消失，各种独具特色的古村落景观基因也随之丢失，保护文化的多样性与保护生物的多样性一样，必然受到人们的高度重视。然而，所有的古村落不可能都原封不动地保存下来，大部分代表区域文化景观的古村落都将陆续消逝，因此，有必要弄清不同区域古村落的景观基因及其特点、载体和表达，进而指导各区域的历史文化遗产保护和景观建设，促进聚落文化的多样性保护。在晋中地区村落中最为常见的就是在所有冲对的街巷口处，设置各种人们的观念意识所需的吉祥的、信仰的、崇拜的建筑或物点缀其中，有的在冲对的墙上设影壁、题吉语或雕绘吉祥图案，有的放置"泰山石敢当"。这些标志性的东西，同时装饰了村落的环境，无形中为古村落增添了几分传统文化气息。

1.2.4 文化氛围（文化场）：孵化要素

如果说文化景观强调的是显而易见的文化要素的话，那么，文化氛围则着重强调隐藏在这一系列显见要素之下的文化基因，是与地方性制度、政策、风俗、思想、精神状态紧密相连的活动逻辑与规则，着重于内化的诸多社会共识。

人们一般很容易理解把村落、道路、耕地等一切具体事物看作文化景观，但同时不应忽视对非具象氛围景观的研究。氛围是一种很容易让人感觉到但很难表达出来的对象，是一种复杂的心理体验。文化区内各种信息，通过人的各种感官反映到人脑中，结合人们已有的原始信息，重新组合成一个景观信息集，并反馈到文化意境地图和感应行为中来。文化意境地图是人们关于某一文化区形成的一种心理构筑,是人们关于文化区的空间图式❶。这种特性对文化区个性的表达十分有用。夏铸九先生认为:地方社会的结构与动力透过集体记忆的建构,有可能表现出空间的文化形式的人的活力,这就是文化的生机。

村落信仰文化空间以非具象的文化景象为基础,形成了所谓的"氛围景观区"。在自然景观和社会经济环境的双重作用下,形成了相对匀质的文化氛围区。一定空间范围内文化氛围的相对一致性,形成了边界模糊的文化氛围区。人们对某一地区的历史感应将影响人们对文化区的评价。黄河中下游一带总令人感到有一层厚厚的历史纱幕无处不在地笼罩着所有文化景观,这种感觉不仅存在于人造的景物上,而且涂抹在人工改造过的自然景物上。咆哮的黄河、辽阔的连着天际的黄土高原、嘹亮忧郁的信天游,甚至高原上空的云彩和太阳,都有一种浓重的或是淡漠的远方袭来般的历史感。

氛围是弥漫在空间中的能够影响行为过程和结果的心理因素和心理感受的总和,是看不见摸不着的,但却是客观存在的,这有点类似于物质的电场、磁场、力场,物质之间相互作用有时不需要直接接触,通过看不见摸不着的场就能产生作用,氛围是任何场所中最丰富的特质。肖莉等在《乡镇形态结构演变的动力学原理》中指出决定形态场能量的因素是多种多样的,一种形态在一定的时间是否为人们所接受以及接受的程度、范围和时间的长短与该地域此时的社会、经济、文化、自然、宗教和社会习俗等因素密切相关,对形态场的研究不能脱离这些因素而独立进行❷。村落作为村民们共同拥有、经营、塑造的居住与生活空间,必有其运作所不可或缺的"轴心",这种轴心在聚族而居的中国传统村落中的主要表现是宗祠或者庙宇。古人云:君子营建宫室,宗庙为先,诚以祖宗发源之地,支派皆多源于兹。❸因此,宗庙不仅是村落文化景观的焦点和醒目的标志,而且是村民的心理生活空间的中心。宗庙的节点作用,不仅表现在地域上,而且表现在"心理场"上。这里所说的"心理场",借助

---

❶ 吴必虎. 中国文化区的形成与划分 [J]. 学术月刊, 1996 (3): 10.
❷ 肖莉, 刘克成. 乡镇形态结构演变的动力学原理 [M] //国家自然科学基金会材料工学部. 小城镇的建筑空间与环境. 天津: 天津科学技术出版社, 1993: 123.
❸ 转引自清代林牧著《阳宅会心集》卷上"宗祠说",清代刻本。

的是一个心理学概念，确切地说，它以研究人的心理生活空间为主。如果用"心理场"研究的鼻祖勒温自己的话说，"心理场"就是一种"心理生活空间"，它包括三个方面的内容：①准物理事实——心目中的自然环境；②准社会事实——心目中的社会环境；③准概念事实——思想概念与现实的差异。其中，"准"即非真正实物，只是主观感受，所以多冠以修饰语"心目中的"，以与真实事物相区别。勒温曾用拓扑几何的方法描绘心理场的特征，按拓扑学的概念，心理场为一没有大小尺寸、没有固定形状的无限柔软的塑性体。勒温指出，"点"起一个核心的作用，通常来说，受欢迎的物体（称之为具有正价的物体）能在其周围形成引力场（这里的场概念是从物理学中引入的）。因此可以说，村落中的祠庙就是一个具有正价（受欢迎）的点场（图1-7）。村落的整个心理场都是以宗庙为中心层层扩展的。这个心理场也就是这里所说的氛围。

图1-7 村落祠庙——正价点场

1.2.5 文化场所：活力要素

《文献通考·职役考》中记述："昔日黄帝经土设井，以塞争端……使八家为井，井开四道，而分八宅，凿井于中。一则不泄地气，二则无费，三则同风俗，四则齐巧拙，五则通财货，六则存之更守，七则出入相同，八则嫁娶相谋，九则有无相贷，十则疾病相救。"从中可以看出，井在古代村落中不仅仅是为吃水，而且是村落中的景观、核心场，井就是一个名副其实的场所。最先重视和研究场所概念的是现代哲学家爱德华·凯西，凯西认为：场所对人类的存在具有重要影响，是人类情感与社会属性附着与沉积的空间。法国思想家列斐伏尔在《日常生活批判》中则单独采用"日常生活"和"居住空间"这两个词汇用以表达场所的内涵。根据上述理解，场所首先是一个空间；其次，它直接关系着居民日常生活；再次，场所负载了市民情感。本书采用了文化场所这一说法，事实上，作为场所，必定是具有深度文化内涵的。本书将文化视为场所的定语，意在突出场所中包含的社会文化属性方面的意义。

联合国教科文组织在落实非物质文化遗产保护工作时提出的文化空间（也即文化场所）其实属于一专有名词，主要强调的是人类口头以及"非遗"项目的具体形态。就其自然属性而言，文化空间一般都具有特定的文化场所，也即某个特定的物质空间或物理场所等，该场所以固定时间与任意场所结合而成，或为普通场所，或具有神圣意义，或具有景观价值，不一而足。

据舒尔茨对场所的界定，文化场所包括三个构成要素：静态的实体环境、活动和寓意。实体环境是场所赖以存在的实体空间，是场所的物质外壳，如建筑景观、建筑质量、建筑造型和周边建成环境等。活动是发生在这一实体环境内的各种人类行为及其对实体环境的影响。寓意是处于场所内的人与场所之间的情感联系以及场所给予活动者的各种体验和记忆。丧失场所意义的空间，将是一个病态空间，其对于居民而言没有太多的吸引力，居民在其中难以看到生活的希望，个体缺乏精神慰藉和寄托，生活丧失故事和情趣，进而造成生活状态的外在呈现活力欠缺。就存在的核心所言，其力图建成一种充满人情味的生活空间，而不仅仅是一个居住空间、工作空间。文化场所作为居民日常生活、休闲的集聚空间，它包括实体环境及与之对应的意象空间和虚拟空间。实体环境通过文化景观、空间尺度、基础设施等内容激发居民参与其中的欲望，意象空间则使得这种参与变得具有生活意义，并对个体的生活体验、经历、精神状态和记忆进行塑造，由此产生归属感、认同感、安全感。虚拟空间是实体空间的虚化和意象空间的外在化，即虚拟空间建立了一种利于记录与呈现个体思想和精神状态的媒介。文化场所的这些特征与属性，直接关系到居民生活质量的提升，关系到居民紧张状态的缓解，关系到居民情感的有效交流，亦关系到居民精神面貌的呈现。因此，激发与展现居民活力的文化场所就构成了村落空间的活力要素。

1.2.6　文化制度与政策：保障要素

任何不断演进的事物都是一个复杂的自适应系统，村落也不例外。同时，在自适应的演进过程中，又受到人为介入与规范作用，这一作用可以认为是政府制度与政策对自组织的调控。而在人为调控中，处于主导地位的通常是决策层。村落采取怎样的发展思路，支持怎样的开发与项目运作，关注的重点是什么，都与决策层紧密相关。也就是说，村落文化只有在决策层认可且支持的情况下才有可能得到有效实施。

文化制度是在一定社会形态、历史条件下上层建筑的一部分，是对文化内容构成的规范性描述。村落文化制度是村落制度文化的一部分，宏观上反映了国家层次的国体以及社会意识形态，中观层次反映了村落文化的地域性特征。文化制度与政策具有三点重要的全局性意义：首先是全球文化渗透与同化的控制与引导问题，例如好莱坞电影的引进以及对舶来影片的审核与删减等；其次是传统文化和地域文化的继承问题，例如山西大力保护传统村落，从而使得民间文化得以有效继承；其三是村落文化的创新与超新问题，例如农村通过扶持和鼓励民间艺术创作，创造具有地方特色的产品。总体而言，作为村落文化的保障要素，文化制度是村落文化政策制定与实施的基底，其必须倡导多样性文化的融合与发展，实现文化的继承与超越。

晋中平遥在文化遗存的继承、维护与利用方面就做得非常到位，无论是物质文化遗产，还是非物质文化遗产，平遥都极其繁盛。在20世纪70年代，历史文化遗产的经济价值和带动效应尚未被充分发掘，在此背景下，平遥大量的历史文化遗产成为空间拓展的障碍。然而，随着世界多领域的"文化转向"大潮的开展与传播，文化的价值被强调和肯定，其经济作用和社会教化作用均得到发掘和重视。在此背景下，平遥的历史文化遗产成为其发展的重要资本。为了扩大其国际影响力，平遥积极响应联合国教科文组织世界遗产委员会的保护文化遗产的行动，通过对平遥文化遗产的发掘、梳理，制作了文本、图纸等一整套规范文件，并递送至世界遗产委员会。1997年12月3日，联合国教科文组织在意大利那不勒斯召开的世界遗产委员会第21届大会决定将平遥古城以古代城墙、官衙、街市、民居、寺庙作为整体列入《世界遗产名录》。通过这一路径，平遥一方面扩大了其在世界范围内的影响力和知名度，另一方面为文化遗产保护获取了外部资金支持。这使得平遥的文化遗产得以继承和维护，并为旅游开发提供了基础。实际上，平遥是山西旅游热点之一，每年大约可吸引100多万游客的光临，这使得旅游业成为平遥的支柱产业之一，从中可以看出制度和政策对村落文化的引导和保障作用。

第 2 章 晋中传统村落信仰文化空间的类型与分析

2.1 晋文化的构成与发展

山西简称"晋",别称"三晋",历史悠久,源远流长,迄今为止有文字记载的历史达三千年之久。山西境内多遗迹,文化沉积弥足深厚,这里是中华民族黄河文化的重要发源地,三晋文化更是华夏文明的重要组成部分,在中华五千年文明史上,占有重要的地位。据考古发掘表明,旧石器时代的丁村(今属襄汾县)人就生活在山西境内。在汾河上游的静乐县凤程山,中游的交城县范家庄、太原市的古交,下游的曲沃县里村、侯马市南梁都发现了丁村人的足迹,有丁村文化的遗迹。这是十多万年前原始社会初期人民生活的写照。山西境内的史前遗址、古战场、古墓、古塔、古庙、古城、石窟、佛寺以及民宅大院等现存的不可移动文物有35000余处,其中国家级文物保护单位就达119处之多,仅金辽以前的地面木结构古建筑即占全国的74%[1],文化沉积之深厚,蕴量之丰富,使其很早便获得了"中国古代文化博物馆"的赞誉,又常被称为"华夏文明的摇篮"。在中华文化发展的悠久历史中,古代的一些神话传说故事如"精卫填海""女娲补天"等据说最早便产生于山西省内。与此同时,中国上古时期曾多次在山西境内建立都城,如相关文献中记有"尧都平阳(今临汾市)""舜都蒲坂(今永济市)"以及"禹都安邑(今夏县)"等。至春秋战国时代,春秋五霸之一的晋文公就在山西一带建立了诸侯国;北魏时期,山西大同即发展成为当时的一座都城;唐代太原成为当时的北都;而元末明初时期,山西特别是晋南地区经济活动非常活跃,人口增长迅速,并吸纳了很多外来移民;直至明清时代,山西又以晋商以及票号等在全国甚至世界范围内获得诸多赞誉等。因此,清代学人顾祖禹在其著作《读史方舆纪要》中提到:"天下形势,必有取于山西。"李白在《秋日于太原南栅饯阳曲王赞公贾少公石艾尹少公应举赴上都序》中发出了这样的概叹:"天王三京,北都居一。其风俗远,盖陶唐氏之人欤?襟四塞之要冲,控五原之都邑。雄藩巨镇,非贤莫居。"对太原厚重的民风以及它在政治上、军事上的重要地位都予以由衷的赞美。

---

[1] 杨瑞武. 山西文化自信的八个理由[N]. 山西日报, 2003-10-21.

此处的晋文化主要是指以历史上的古太原府为核心，经由晋中商帮和三晋人士向外传播和辐射，进而影响其他地域文化进程的一种区域性历史文化。晋文化内涵十分丰富，包括晋中商帮、晋商大院、华夏之根、佛教文化、黄河之魂、边塞风情、关公故里、古建瑰宝、太行神韵以及三晋民俗、三晋方言等。晋文化是多种文化元素的结合，积累了多方面的文化财富，山西大地呈现出丰富多彩的文化景观，从精神文化上看，形成了"法家思想文化""晋商精神""关公文化"等多种精神文化遗产。例如其中的"关公文化"，是中华传统道德文化的一份重要遗产，并成为凝聚海内外华人的一条精神文化纽带。从地域文化上看，山西的不同地域形成了不同的文化风格或文化形态，如"雁同文化""晋南文化""上党文化""晋中文化""河东文化"等。这些文化形态，既具有山西晋文化的共性文化特征，又具有地域上的个性，均在历史上创造出了光辉灿烂、独具特色的文化成就，如在晋中，就以太原晋祠、平遥古城、榆次老城等晋商聚落为代表，形成了晋汾文化❶。

文化总是和它所产生的地域有着必然的联系。晋中地区的文化与其地质、地貌以及自然地理的特色密切相关。中国文化区被胡焕庸线分成东、西两大块，即东南部的农业文化和西北部的牧业文化两个文化大区（图2-1）。本书研究的主要是三晋文化核区中的晋汾文化区。

三晋文化区主要包括今天的山西大部、河南的北部和中部，三晋文化实际上可以说是"中原文化"的代称。地处中州，各种文化碰撞、交流于此，使这里的文化呈现出一种共享性。商业的流动性和因水患、战乱和灾荒引起的人口流动一起，造成了这里人口频迁的特点，特别是地处平原，四通八达，因此区域文化的特点不如其他地区明显。如李学勤在论述东周时期的地域文化时，即将三晋大部分地区划入中原文化圈，而将北边部分地区划入北方文化圈。自秦始皇开创了统一的封建帝国之后，这种文化上的差异又表现为中央王朝与北方游牧民族的对立，其交界地带则随双方势力的消长而南北推移，其间也受到气候变迁的一定影响。大致说来，晋南属中原文化圈，晋北属北方文化圈，晋中为两种文化冲突碰撞、交界推移地区。因此，三晋文化既有中原华夏文化的悠久传统，又具有与邻近民族的文化相互冲突、融合的特点。这是三晋文化中不可忽视的一个特点。处于山西中部的晋中地区是三晋腹地，西部吕梁山，

---

❶ 黄东升. 山西经济与文化概论［M］. 北京：中国经济出版社，2003：28.

第2章
晋中传统村落信仰文化空间的类型与分析

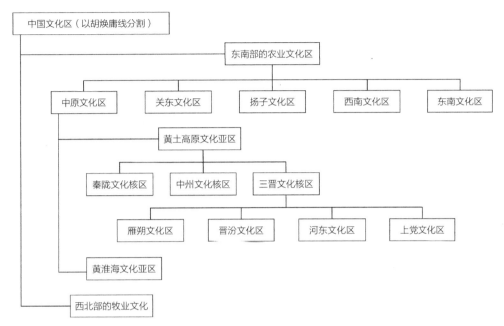

图2-1 沿胡焕庸线划分的中国文化区
来源：根据"吴必虎. 中国文化区的形成与划分[J]. 学术月刊，1996（3）：10"自绘。

东部太行山，汾河从中部由北而南穿过，更是古代中原民俗文化与北方民俗文化的交错之地，胡汉相融，是农耕文明和游牧文明相互激烈碰撞的地带。独特的地理位置，使其成为中原农耕文化和北方游牧文化两大文化区系之间的重要纽带，具有一定的文化边缘性。

晋中地区历史悠久，据考古发现，榆次柏林头、东赵、下丁里、流村，太谷白燕遗址，介休义棠镇温家沟村古遗址和昔阳民安、静阳的原始灰坑，以及灵石、寿阳、榆社等地发掘出的大量旧石器、商代青铜器，如石棒、石斧、石锥、石簇、骨簇、石片等仰韶文化和龙山文化的珍贵文物等，足以证明在约三万年前的旧石器时代晚期，晋中地区已有人类活动。新石器时代早期，人类已在汾河沿岸开始了刀耕火种的原始农业，并从事渔猎、采集、畜牧和家庭手工业，过着原始社会的漫长生活。商代后期，出现城邑。人类的活动都是为了生存，都是经济的。生存是人类活动的第一要务，他们在长期的生产实践中逐步认识自然，利用自然，改造自然，积累了丰富的生产经验，发展了社会生产力，创造了灿烂的文化。在漫长的历史发展进程中，山西（晋中）民俗文化大致经历了五个时期：从远古到战国中叶是萌芽奠基时期，从战国

晚期到两汉是昌明兴盛时期，从三国到五代是融合求新时期，从北宋到清中叶是臻于成熟时期，从晚清以来是转型创新时期。❶

纵观历史，秦代中央集权的统一，魏晋南北朝的民族大融合，隋朝的短暂繁荣，唐代中国封建社会的辉煌，自"安史之乱"开始到五代十国的大分裂，金元时期的大肆杀戮浩劫，明清社会的稳定发展，使山西的文化分布具有多元性的特征。在晋北，以大同云冈石窟、五台山佛光寺、恒山悬空寺、应县佛宫寺为代表，形成了雁朔文化；在晋中，以太原晋祠、平遥古城、榆次老城等晋商聚落为代表，形成了晋汾文化；在晋南，以蒲县东岳庙、洪洞广胜寺、解州关帝庙、绛州衙属大堂为中心，形成了河东文化；在晋东南，以长治城隍庙、泽州青莲寺、平顺金灯寺、壶关真泽宫为代表，形成了上党文化。

2.2
晋中传统村落信仰文化空间类别

信仰是人类最古老、最繁杂的社会活动和文化现象，为其分类颇为困难。从各种原始的自然崇拜到系统严谨的宗教，从愚昧、神秘的迷信、邪教到根深蒂固的民间习俗传统，从古代哲人有关世界是如何构成及怎样运行的猜想，到近现代思想家有关宇宙社会人生的理性与科学的探求，以及与此相关的社群组织、物质设施和文化建构，无不是基于信仰、为了信仰或以信仰的名义产生和发展起来的❷。例如冯天策先生在《略论信仰本体的起源、分类和本质》中把自古迄今的信仰按形态划分为三类，即：

---

❶ 张余，曹振武. 中国民俗大系：山西民俗 [M]. 兰州：甘肃人民出版社，2003：4-5.
❷ 冯天策. 略论信仰本体的起源、分类和本质 [J]. 东岳论丛，2007（1）：148.

原始信仰是以灵魂观念为核心，以自然崇拜、祖先崇拜、图腾崇拜为主要内容和表现形式的信仰形态，它是人类历史上第一个自发形成的、持续时间最久的、与社会生活尚未明确分离的信仰体系。宗教信仰是以"神"的观念为核心，以对神的崇拜为特征，以天国与尘世、灵魂与肉体、善与恶等一系列的二元对立为主轴线所展开的社会活动、精神活动和文化活动，是人类自有文明史以来最普遍、最深入、最持久的信仰形态。哲学信仰以人自身为核心，以对思想真理或主义的尊奉与践行为特征，以按照人性的或科学的原则对自然、社会、人生进行理想的规划与实施为主要内容。它是继原始信仰、宗教信仰之后，人类最重要的信仰形态，代表了人类信仰的发展方向。而杨庆堃先生在《中国社会中的宗教》中的研究从实践体验出发，以农村为单位，其研究手段和目的就扎根于中国社会宗教现象的根源，例如以家庭为单元的祖先崇拜、以行业为单位的保护神、各区域的地方神灵、国家的伦理信仰等。中国汉民族的民间信仰是一个比较宽泛的概念，其内容与形式很多。如果从信仰仪式上分类，主要有祖先崇拜、神灵崇拜、岁时祭仪、农业仪式、占卜风水、符咒法术六大类。如果按崇拜对象来分类，则有对自然物、自然力的崇拜，对幻想物的崇拜（如创世神、守护神、祖神、谷神、鬼灵等），对附会以超自然力的人物的崇拜（如神人、仙人、圣人、巫师等），对幻想的超自然力的崇拜（灵物、灵魂、偶像、巫术等）四类。如果以信徒来源进行分类，又分为家庭信仰、宗族信仰、行业神崇拜与社区神崇拜四种类型[1]。根据各地民间信仰庙宇的情况，大致可以分为四类：一类是历史悠久且沿袭至今继续开展活动的神庙，如城隍庙、孔子庙等；二类是带有浓郁民族信仰色彩的神庙，如三王庙等；三类是人们为纪念历史上或传说中为民族发展、社会进步作出杰出贡献的历史人物而建造的神庙，如屈原祠、文广庙、关公庙、神农庙、妈祖庙等；四类是当地老百姓习惯祭祀的神庙，如财神庙、土地庙、太阳庙等[2]。中国台湾学者沈平山认为，民间信仰就是中国的"宗本"信仰，源于伏羲、神农、黄帝以来的传统：上祀天地神祇，中崇圣贤祖先，下敬人境鬼神。

地处黄河流域的晋中地区是以农业为主体的农耕民族，当人们还不能有效地支配与农业相关的资源如水利、土地、气候的时候，就出现了对各种自然崇拜的神祇信

---

[1] 甘满堂. 宗教·民间信仰·村庙信仰 [J]. 福建宗教，2002（6）：36-37.
[2] 张祝平. 民间信仰：当下状态与应然路径 [J]. 广西社会科学，2009（1）：96-100.

仰，比如对河流的崇拜产生了黄河神大禹、河伯以及支流的汾河之神台骀等，对雨水的崇拜产生了龙王、商汤等神灵，对土地的崇拜产生了后土信仰，还有对关公、财神、药王等神祇的崇拜。这些黄河流域的村落信仰民俗都是以落后的农业生产为基础的，这些民俗信仰的背后隐藏的是黄河流域广大民众对自身生存状况的忧戚和关注。

本书综合上述各学者的分类对晋中地区信仰文化空间整理如下。

2.2.1 据信仰的对象分类

按照信仰活动场所所供奉的神祇分类，大致可分为四类：一是供奉一些佛教、道教的神，如释迦牟尼佛、观世音菩萨等；二是供奉一些民间传说中存在的能护佑生灵的神，如龙王、三宫圣帝；三是对山川树木等自然现象的崇拜，如九龙松；四是祭祀恩泽社稷黎民的先贤圣哲、忠臣孝烈和祖宗，如苏武、关公。

1. 佛、道教神

观音堂是榆次后沟古村最大、最完整的庙宇建筑，堂内供奉的神佛也最多，建造的年代不详，可考证的只有寺内壁龛内大明天启六年（1626年）重修碑上的记载："有古刹一座……年代替远，不知深浅……"后来又陆续经过大清康熙、乾隆、道光和清末民初等年代的数次扩建维修，始成如今的规模。它位于村落西南方向的半崖之上，坐南朝北，与村中玉皇殿隔河相峙，俗称南寺。寺庙南北长33米、东西宽13.5米，占地约490.17平方米，共有大小房间20间，依次由山门与钟鼓二楼、东西廊房、耳殿与南大殿三大部分构成，为长方形四合院结构的寺庙，保持着明、清建筑风格（图2-2）。

观音堂大门朝向为北，门宽约为1.8米，高约为1.9米，门上方有圆弧状造型。庙门前有一个由砖砌筑而成的斜面，东西方向长2.25米，南北方向长2.15米，斜面铺砖图案蕴含了河图洛书的文化内涵（图2-3），河图洛书是中华文化、阴阳五行术数之源，太极、八卦、周易、六甲、九星、风水等皆可追源至此。庙门内有两根松木柱，柱上面有木雕龙纹装饰，现只剩下左边的一块。正殿面阔五间，中间的明次间三间为观音殿，殿中正中是南海观世音菩萨，观音菩萨两侧则是十八罗汉。观音菩萨是佛教

图2-2 观音堂全景

图2-3 蕴含河图洛书图案的庙门前墁道

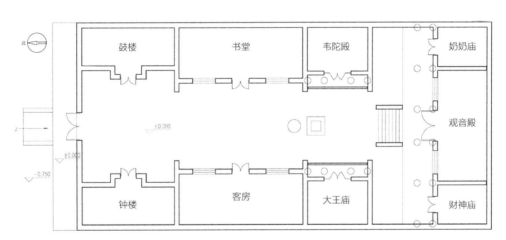

图2-4 观音堂平面图

四大菩萨之一,由于她的大慈大悲,有求必应,所以在古代中国成为民俗性很强的信仰偶像之一;十八罗汉,原是佛教所说的释迦牟尼的弟子,具有镇煞的作用。两旁各有配殿一间,所祭祀的财神和送子观音也是中国传统民俗中群众性极强的神祇。财神是满足众生祈求财富、创造财富的神,分为文财神和武财神;送子观音,民间俗称奶奶,是满足俗人祈求子嗣的神祇。正殿以下有东、西厢房,上厢房是韦陀殿(2005年以前是龙王庙)和大王庙,下厢房分别是学生读书的地方和客房,两边厢房都是"上二中三下一"的格局(图2-4)。倒座的位置是小山门和钟鼓二楼。观音堂的布局符合中国传统寺庙的建筑布局规律,即平面方形,以南北纵深轴线来组织空间,对称稳重且整饬严谨。

农历每月的初一、十五，村民许愿、还愿，是庙堂香火最旺的日子。观音堂每年正月二十六大开"财库"和"富房"，让善男信女借红包与还红包。隔年同日，加倍奉还。一年当中香火旺盛的日子还有：农历年除夕、二月十九观音诞生日、六月十九观音修道日以及九月十九观音成道日。在大年初一这一天，观音堂有插头炷香的习俗，村民们相信，赶在大年初一第一时间在观音堂插上头炷香，全家在一年中会得到菩萨的保佑。

2. 民间神

民间有一系列俗神为人们所信仰，如福禄寿三星、喜神、财神、门神、龙王、送子娘娘神、谷神等。灶王爷，也称灶神、灶君、东厨司命，在晋中民间最普遍，是最深入群众的神，《礼记·祭法》中所说"王为群姓立七祀"，即有一祀为"灶"。魏晋以后，灶神也有了尊姓大名。隋杜台卿《玉烛宝典》引《灶书》称："灶神，姓苏，名吉利，妇名搏颊。"在文献记载中，黄帝、炎帝、祝融、张单等都曾被视为灶神。灶神所司的职务也有一个不断演化、不断扩大的过程。它至少具有这样三种职能：民以食为天，灶王爷掌管饮食，司职命运，监察善恶。因而民间对灶王爷都是笃信虔诚的，将它供在家中灶头，腊月二十三上天时，以香火、糖稀为之送行，大年初一再把它接回来。

祭灶是一种很古老的祀典，是原始自然崇拜的产物，早在孔子生活的春秋时期，祭灶之风在民间就已经盛行了。但在不同历史时期，人们在祭灶的时间、祭灶的食品及仪式上存在着不少差异。先秦时期，盛行夏季祭灶，祭灶所用的食物，因人而异，国君用牛，大夫用羊，士用豚犬，普通百姓则用麦、鱼。汉唐时期，盛行腊日祭灶，祭灶多用牲酒，黄羊、猪肉或猪头先后成为主流的祭灶食品。晚唐以来则盛行"小年"祭灶，祭灶食品由牲酒等荤食逐渐向饧茗等素食方向发展。晚唐至南宋后期，人们在"小年"祭灶时，牲酒仍是不可少的。明清以来，中国大部分地区祭灶的食品开始由荤变素，饧茗代替牲酒成为祭灶的主要祭品。在不少地方，"小年"祭灶时，还要贴灶像（图2-5）。灶像以贴在灶的上方墙上为宜，不能过高或过低，否则灶神难以接住被碰落的碗盘。在贴新灶像之前，还要把旧灶像"请"下来，送入灶火中和纸钱一并焚烧。祝灶词当然是不可少的，嘱咐灶神"好事传上天，坏事丢一边"。文人学士的祝灶词大多很文雅，如无名氏的《灶君谣》称："灶糖一盘茶一盏，打发灶君上青天。天宫见了玉帝面，不当言的且莫言。"普通百姓则用民间的语言说出了自己心声："请你到天宫把好话多说些，歹话不须提；求老天爷让我们把粮食收得足些。"

晋中娄烦俗话把灶君爷叫成灶马爷，其神位在锅台上。俗语说："腊月廿三，打发灶马爷上了天。"当地民间对灶马爷特别重视，因为传说灶马爷是上天派到人间的"司过神"，负责监察每家每户一年的行为举止，腊月二十三上天汇报人间的善恶功过。《河图》中有对灶马爷权力的叙述："天地有司过神，随人所犯轻重，以夺其算纪，恶事大者夺纪，过小者夺算。"纪和算指人

图2-5 灶王爷
来源：何晓明. 图说中国文化·民俗卷[M]. 长春：吉林人民出版社，2007：116.

的寿数，纪三百日，算三日。所以，百姓对灶马爷就另眼相看。这是娄烦春节前的最后一个节日，也比较隆重，老百姓称之为"过小年"，晚上要放爆竹，供奉灶马爷。

3. 自然崇拜

在科学不发达的远古时期，由于人们对自然的认识有限，面对人力无法了解和掌控的自然现象时，觉得自然物和自然力很神秘，人们对于自己的知识范畴以外的事物从敬畏、依赖到顶礼膜拜，产生了天象崇拜、山川地石崇拜、火崇拜、动植物崇拜等原始崇拜。天、地与自然物之崇拜在古代中国的信仰中甚为重要，祭祀山神水神即由此而来。

祭祀山神水神由来已久，《礼记》中记载：早在周代，即有五岳四渎之祭，称为"天子祭天下名山大川，五岳视三公，四渎视诸侯"。水与人们的生产、生活都有密切的关系。一般来说，水神有四海之神、四渎之神和天后等说法。古人认为，山神和水神虽然都是保佑人们的神灵，但是假如人们不诚地信仰他、不隆重地祭祀他，神仙们也会采取种种手段报复，或者说提醒人们注意，要求人们更加崇拜他们。自然现象

是不依人们的意愿而改变的，对山神、水神的祭祀也一直没有间断。直到今天，人们已经了解了自然的一部分奥秘，知道祭祀是不能避免自然灾害的，对山神、水神的祭祀也不再具有过去的意义，而是仅作为一种具观赏性的民俗活动而存在。

在榆次东赵乡西窑村每年的农历七月十五中元节晚上，就能看到一种古老而美丽的景象：象征一年每一个日子的365盏河灯，再加上象征天、地的灯各1盏，共367盏河灯被一一放入河中，人们希望一年中风调雨顺，无灾无难。一盏盏河灯在潇河中顺流而下，随河水波浪缓缓起伏，河水在河灯的映照下分外妖娆，水火相映成趣，水陆一片欢腾。这就是著名的西窑放河灯。榆次西窑村的放河灯民俗，起源于春秋战国时期一种盛大的祭祀活动，确切时间已无可考，是当地群众祭祀河神、寄托希望的一种古老民俗。从民间传说和传承情况来看，明显带有春秋战国时期魏赵漳河沿岸祭祀河伯娶亲活动之遗风，时至今日西窑村仍传承着这一古老民俗。

按习俗礼制，祭祀活动涉及全村每家每户，故祭祀场面较为隆重，传说古时有长杆号（长唢呐）及祭祀舞蹈、歌号等，届时全村人都要烧香献享，大礼叩拜，接着在潇河中放入全村人参与扎制的各色河灯（图2-6），最少也不能少于367盏。西窑河灯的制作有简、繁两种，但步骤一样：扎架子、糊彩纸、捻蜡芯。简单者以两根粮食秸秆交叉，穿插成十字状，以棉花捻线蘸油置于十字交叉点，放河灯时点燃即可。繁复

图2-6　全村人参与扎制各色河灯

者可做各式花灯，用秸秆等扎成架子，裱糊以各色彩纸、彩绸，做成各种造型美观的工艺品，有舟船人物、花卉植物等，不一而足。现代化的电子产品使得现在的西窑放河灯活动的观赏性更强，新添电子机动龙灯、孔雀彩灯，制作精美漂亮。

西窑放河灯融入西窑人的聪明智慧及美好向往，随着时代的变迁，不断打上各个时期的烙印，从上古传承到今天，点点滴滴，演绎着人类进化的婀娜壮美，与生生不息的文明火种、自强奋进的民族精神和古老的中华文明一脉相承，血脉相连。如今，心灵手巧的村民会做各式花灯，造型更加美观，而祭祀的目的也已演变为祈福风调雨顺、五谷丰登、平安喜庆。2011年，西窑河灯成功入选晋中非物质文化遗产名录，这一传统习俗为发展当地旅游产业奠定了坚实的基础。

4. 先贤圣哲、忠臣孝烈

生前有功于人，死后为神，这是中国造神的准则。在人神信仰中，关羽为人造神之佼佼者，关公崇拜的普及，全国从北到南，远及海外。由于乡音土情，山西对关公更加厚爱，对关公的信仰祭祀达到了人神崇拜的顶点。其他如二郎神、东岳大帝、孔圣人、姜太公，都是中国普遍崇拜的人神。在民间巫觋的神龛里，魏征、唐僧、孙悟空、薛仁贵、樊梨花、赵匡胤、杨宗保、穆桂英、包拯、济公等，也都是座上神灵，充分表现了中国造神的随意性。社会上百工技艺都有自己的祖师爷，是行业神。所供神灵，大部分是历史人物或传说中的人物。

晋中地区供祀的社会人神，有一些是晋中特有的。晋祠为纪念周成王胞弟唐叔虞而建，其内主祠圣母殿为祭祀叔虞母后姜邑，千余年来香火不断，成为山西最著名的神祀；介休市绵山有介子祠，祭祀晋文公忠士介子推，太原市上兰村有窦大夫祠，祭祀开渠济民的晋国窦大夫；清徐县马峪村有狐突庙（又称糊涂庙），祭祀晋献文公大夫狐突；盂县藏山为赵氏孤儿藏匿地，建殿宇多处，奉祀赵武、程婴、韩厥、公孙杵臼；赤桥村有豫让桥和豫让古槐，祭祀晋国义士豫让；唐宋以来，太原市南郊有祭祀后汉开国皇帝的刘智远祠；介休有武则天庙；太原市狄村有狄仁杰祠；清代名人傅山亦有傅公祠，祠庙虽小，影响却很大❶。

---

❶ 山西民俗风情［EB/OL］. http://blog.sina.com.cn/s/blog_551884a80100jxia.html

在这些神祀中，祠堂无疑占有重要位置。中国人有着极深的尊祖意识，祭祀祖先活动很早就开始了。"宗"字从"宀"到"示"，意思是在房子里举行祭祀。祠堂也叫宗庙、宗祠、家祠、家庙，属于古代祭礼场所。祭礼的对象有天地山川等自然神，还有所谓的先贤名士，包括忠臣良将、清官廉吏和人们心目中的英雄，更多则是家族先辈，列祖列宗。因而，祠堂不像佛教的寺院、道教的道观那样，体现出的只是单一的文化内涵，从祠堂里不光可以看到古人的精神追求，还可以看到古人的信仰变迁、宗族制度的兴亡，以及与此相关的民风民俗。与寺院道观相比，祠堂可以说是世俗的所在。一个祠堂，可以说，就是一个民俗博物馆，一个祠堂又可以说是一部家族变迁史。了解祠堂，就等于是在了解民族文化，了解民俗风情。祠堂往往又是一个地方、一个家族中人们的精神家园，因而，祠堂的建筑往往倾一地一族之力，集一地一族之智，从始创到完善由本族后代不断扩充修缮，使之成为本家族中质量最好、规模最大的建筑，也成为特定区域内独特的文化景观，如榆次常氏宗祠、灵石王氏宗祠都保存完好。常氏宗祠有许多不同凡响之处。由240个书写迥异的寿字组成的八字照壁、造型别致的石围栏、兼有戏台作用的大门楼、巍然耸立的双斗旗杆等，都淋漓尽致地体现着家族的显赫，并且这个三门四进，宽25米，进深百余米的祠堂是目前华夏民居中规模最大、保存最完整的祠堂精品。

在晋中地区乃至全国范围内，最著名的祠堂当属太原晋祠。晋祠是我国最早的纪念性祠宇，也是我国现存最古老的园林建筑。始建年代甚早，相传为纪念周成王胞弟叔虞而建，因其封地晋国，故名晋祠。郦道元《水经注》中记载的"际山枕水，有唐叔虞祠"，即今晋祠。《魏书地形志》中也有记载，可见其创建时限尚古。晋祠历代均有修建和扩建。南北朝天保年间（550—559年）扩建晋祠，"大起楼观，穿筑池塘"。唐贞观二十年（646年）太宗李世民游晋祠，撰"晋祠之铭并序"碑文，又一次扩建。太平兴国九年（984年），依山枕水建正殿，以供奉唐叔虞，至北宋天圣年间（1023—1032年），追封唐叔虞为汾东王，其母姜邑亦供奉于正殿之中，熙宁年间（1068—1077年）封姜邑为"显灵昭济圣母"，遂有圣母殿之称，后来，唐叔虞祠堂迁于北侧，形成今日之格局（图2-7）。祠址坐西朝东，沿中轴线有山门、水镜台、会仙桥、金人台、对越坊、献殿、鱼沼飞梁和圣母殿，献殿两侧为钟鼓楼。其北为唐叔虞祠、昊天神祠和文昌宫，其南面是水母楼、难老泉亭和舍利生生塔。祠内的周柏、隋槐、唐槐与难老泉和宋塑侍女被誉为"晋祠三绝"。

第2章
晋中传统村落信仰文化空间的类型与分析

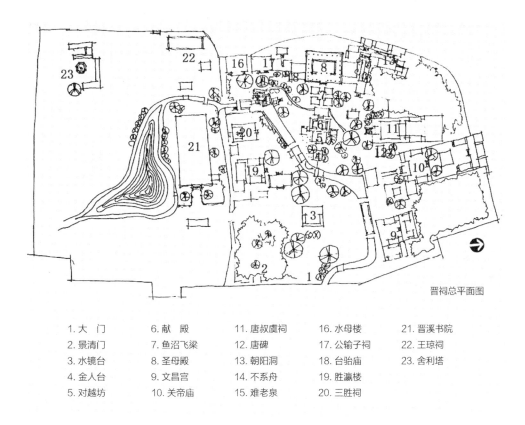

晋祠总平面图

1. 大 门	6. 献 殿	11. 唐叔虞祠	16. 水母楼	21. 晋溪书院
2. 景清门	7. 鱼沼飞梁	12. 唐碑	17. 公输子祠	22. 王琼祠
3. 水镜台	8. 圣母殿	13. 朝阳洞	18. 台骀庙	23. 舍利塔
4. 金人台	9. 文昌宫	14. 不系舟	19. 胜瀛楼	
5. 对越坊	10. 关帝庙	15. 难老泉	20. 三胜祠	

图2-7 晋祠总平面图
来源：王金平教授提供。

  晋中地区乡村的祠堂历经20世纪的百年沧桑变化，尤其是遭遇了十年"文化大革命"，大量的祠庙被当作"四旧"而拆除，幸存下来的祠堂也由于离开了原有的社会基础，失去了族产、祠田等经济上的支撑，而失去了原有的功用。现存祠堂之所以能历经浩劫而完整地保存下来，主要原因有三：一是文物价值，如山西晋中灵石王家祠堂因其建筑规模宏大，风格奇特，被当地有关部门列为文物保护单位；二是挪作他用，祠堂一般在当地都是规模最大，质量较高的建筑物，1949年以后这些祠堂归为公有，多数作为公共设施，一般用途有村公所、学校、卫生所、库房、饲养处等，如段家祠堂就因被当作粮库而保存了下来；三是心意信仰，地处偏远的山区，随着家族制度的衰微，祠堂失去了原有的祭祀功能，民众尽管贫穷，但源于那种深深的崇祖意识，他们不愿让祖先创建的祠堂毁于己手，而担上"不肖子孙"的骂名。晋中各地保存至今的古祠堂有太原晋祠、盂县藏山祠、太原窦大夫祠、榆次车辋常氏宗祠、灵石王氏宗祠、平遥段村镇段村段家祠堂和张家祠堂、榆次西左付村张彪在民国时期建立的张氏祠堂、太谷县范村镇阎村成氏祠堂等。

2.2.2 据信仰的具体表现形式分类

"仪式，通常被界定为象征性的、表演性的、由文化传统所规定的一整套行为方式。它可以是神圣的也可以是风俗的活动，这类活动经常被功能性地理解为特定群体或文化中沟通（人与神之间、人与人之间）、过渡（社会类别的、地域的、生命周期的）、强化秩序及整合社会的方式。"❶晋中地区的信仰文化空间按祭祀仪式的具体表现形式分为以下三类。

1. 公共信仰

在远古时期，祭祀是人们生活中一件经常发生而又具有重大意义的事情，所以《左传·成公十三年》中说"国之大事，在祀与戎"，意思是说祭祀和战争一样，都是国家生活中的头等大事。祭神酬神的信仰活动一般都是与庙会相结合进行的，是民间最有吸引力的盛会，随着社会经济的发展和人们交流的需要，庙会逐渐成为人们娱乐休闲和商品贸易集市的一种重要形式。到现在，庙会一般包括三方面内容：敬神敬祖祭祖活动、游艺竞技娱乐和商品贸易活动。晋中农村由于长期交通闭塞，文化生活单调，庙会活动吸引了众多的农民百姓，甚至成为百姓生活中的重大事件而备受重视，因此，在民间广泛流传着赶庙会看戏的谣谚。

在晋中开发区（原榆次辖区）的南、北六堡两村，每年的腊八这一天，村民不仅吃腊八粥，还用自己的特殊方式祭拜冰神，祈求驱雹祛灾，风调雨顺。北六堡村腊八"抬冰山"活动由来已久，过去北六堡村这一带夏季多冰雹，地里的庄稼常遭冰雹袭击，给村民造成损失，于是村民每到腊八，即释迦牟尼佛成佛之日，就抬上佛像冰山，敲锣打鼓，走街串巷闹红火，以求驱除冰雹灾害。说来也怪，在有些冰雹严重的

---

❶ 郭于华. 仪式与社会变迁[M]. 北京：社会科学文献出版社，2000：1.

年份，村周围的庄稼都被冰雹打了，而北六堡村的庄稼却安然无恙，于是当地民间就有了"冰雹猛如虎，不敢打六堡"的说法。

村民们抬的冰山，自进入腊月第一天就要开始制作，村民们敲起锣鼓，放响鞭炮，启动制作仪式，开始搭建淋冰架，大都是一些中年以上的有经验的村民前来参与制作。先是将两根大木杆靠在背阴地的高墙上，搭成人字架，在人字架的上边架上一根横杆，杆子中间穿上一个特制的板凳，凳腿朝下，然后选取上好的椿树枝，将其整理好，依需要捆绑在凳子腿上，捆扎的形态与淋成的冰山形态有直接的关系，捆扎好后需要在夜间最冷时不断用小壶往凳子上的树枝上浇水，水流顺树枝往下淌冻结成冰，经过7天就淋结成山形了。初八这天，村民们5点就开始进行翻冰山、挂松枝、披挂盔甲、请神、拜神、游街、砸冰、送神等程序。腊八的凌晨，村民要将淋成的冰山翻转过来让其冰尖朝上。经过数天滴淋而成的冰山共有37根碗口粗细的冰柱，前9根（象征风、雨、雷、电、雪、雹、雾、霜、露），后12根（象征十二个月），左右各7根（象征北斗七星），这其中前面4根粗大的旗杆（象征春、夏、秋、冬），整个冰山的形状寓意完全按自然界的组成因素来定，尤其是这后面象征月份的12根冰柱，如果赶上闰年就要增加1根成为13根了，再前面2个大冰柱贴上红对联显得格外醒目，冰山底座是用冰雕凿而成的水晶宫，两侧旗杆上彩旗飘扬，冰山上红绿纸花相映生辉，弥勒佛像前摆满供品。为了让精心淋成的冰山更安全、稳固，村里的老人们细心地捆绑架子并进行表演前的各部位检查。村民们按照自己的理解把向往美好的心情都倾注到了冰山的形态上，倾注到了表演活动中。抬冰山时，八个抬夫以鼓点为准，迈起鸳鸯步，上下一起颠动，缓缓绕街而行，围观者喜形于色，这一年一度的盛会成了全村人最主要的精神活动（图2-8）。

每年的腊月初八，源于晋中榆次北六堡的抬冰山活动形成了祀神、演剧酬神和赛会交易三位一体的庙会习俗。晋中榆次北六堡的抬冰山活动绕村巡游，代表着村民对其生活世界的认识，使之明确了对社区的界定和划分。各种仪式表演严格遵循特定的路线。"仪式进行的同时也是对村落各个家族之间的生活空间和精神空间的一次仪式性勘定与确认。""村民对仪式传统的恪守是对村落现有空间秩序的认同。"❶

---

❶ 刘晓春. 仪式与象征的秩序——一个客家村落的历史、权利与记忆［M］. 北京：商务印书馆，2003：151-152，159.

图2-8　晋中榆次北六堡抬冰山活动

2. 家庭信仰

村落信仰是村落文化的一个主要而基本的方面，具有十分明显的社会性。但由于自古以来中国缺乏普遍而强大的严密的宗教组织形式，因而家庭实际上一直是人们进行宗教活动的基本社会单位❶。在中国民间社会，长期存在着以家庭为核心的信仰共同体。围绕家庭所展开的中国民间信仰活动，因为受制于多重因素，不可避免地呈现出某些明显的特征。由于空间的关系，天地君亲师在传统时代得到人们在家庭内部的崇拜。进入民国以后，人们开始崇拜天地国亲师，将封建君主换成国家加以祭拜。家

---

❶　傅建成. 论民国时期华北农村家庭的宗教信仰［J］. 历史教学，1995（2）：7.

庭空间的狭小，某种程度上虽然限制了人神交流的范围，但是却无法阻断人们借助崇拜超自然的力量谋求家庭福祉的美好愿望，比如灶王爷和灶王奶奶一定是在烧火做饭的地方接受人们的祭祀和礼拜。

一般来说，人们在家庭内部所从事的民间信仰活动主要体现在祖先崇拜、风水信仰、禁忌习俗以及神灵信仰等方面。这些信仰活动与年节习俗中所标记的时间节点相结合，共同建构起了以家庭为核心的信仰体系，并以相对稳定的空间形态表现出来。人们相信通过风水布置，可以引导超自然力量护佑自己生前乃至身后的空间形态，避免遭受伤害，以保证家庭生活空间的安全。与此同时，日常生活中的各种禁忌亦在实践层面强化了民众对于自身生活空间的认知和界分。常言道"举头三尺有神明"，这就阐明了人们谨守各种规范，避免碰触各种禁忌的心理，从而确立了一种神圣化的时空秩序和价值体系，以消解家庭生活中的边缘情境。如果说风水与禁忌是针对超自然力量进行的一种似乎有些消极的外在空间的防护行为，那么，对于神灵的虔诚祭祀，则将家庭成员引入了较为积极的表达宗教情怀和宗教诉求的状态，作为信仰空间而存在的家庭之诸多功能遂也得到进一步丰富和强化。随着血缘关系的不断扩展，家族信仰空间得以形成，而祠堂和墓地也成了家庭、家族信仰活动得以稳定存在的空间和物质基础。可以说，以血缘关系为纽带的家庭信仰空间既为个体的家庭成员提供了必要的心灵安慰和保障，也为家庭整体参与各种社会活动提供了合理依据。

构成乡村家庭信仰的最主要部分首先是对祖先的崇拜，祖先崇拜是人们在对自身由来的认知中形成的崇拜体系，它既是人类对自身生命现象的神秘化理解，又是对先祖亡灵的崇拜，其产生的前提是灵魂观念的出现与发展。祖先崇拜是"人与神灵世界间宗教性联系的一部分"[1]。古人相信，祖先的灵魂对于血缘后代有两重作用，既可以造福子孙，又可以降祸于子孙；祈求祖先的保佑，祖先崇拜起到不可替代的作用，祭祀也就成了很重要的一件事。中国的祖先崇拜在商代就很发达，但早期的祖先崇拜更多地局限于达官贵人家庭，后来则在儒家学说"孝"的伦理道德的倡导下，走向平民化，成为家庭主要的宗教信仰之一，并为人们普遍接受。民国初年崞县乡村家庭祖先崇拜的中心内容仍然是祭祀，其表现形式有：①家祭。主要指时节祭，即在春节、元

---

[1] 转引自：乔基姆. 中国的宗教精神[M]. 王平，等，译，北京：中国华侨出版社，1991：236.

宵节、端午节、中秋节诸节家庭所举行的各种祭祀活动。如在春节和家内有红白事宴时，多用白纸叠成长方形筒状。②墓祭。即按时对祖墓进行祭扫。一般在清明节、农历七月十五日、十月初一等日子赴墓前祭祖先父母。新逝的逢七、百日、周年都要墓祭。其中尤以清明节和农历十月初一两大节日最为重要。清明节，要象征性地给坟添土、扫墓。农历十月初一，乡民纷纷到墓前祀祖，称为"送寒衣"。③祠祭。即在祠堂中祭祀祖先。祠堂也称家庙，大凡聚族而居的村庄多有本族人集资兴建的祠堂，一般修在村中央，如大白水的"王氏祠堂"和曹三泉的"曹氏宗祠"等。祠堂通常放有祖先牌位、本族谱牒以及其他祭祀用的东西。族人死后过了二周年，即可将名字列入谱牒中，享受族人祭祀。春节时有合族人在家庙内团拜的习惯。新媳妇过门，要到祠堂拜祀祖先，从此得到祖亲和族人的认可。清明节，祠堂向族人开放，供族人瞻仰祭祀。祭祀时，通常是本族中的长辈领祭。祠堂前多建有戏台，清明节或其他重大祭祀活动时，合族集资或族中有权势者出资为祖亲请来戏班唱戏，借以增强族内的凝聚力。④路祭。出门在外，离家较远，一时回不去的，有路祭的习惯，将自己要供的物品用纸包好，写上已故亲属名号和致祭者姓名，烧化于十字路口，磕头悼念即可。⑤野祭。死在外地，无坟，家人在十字路口烧五色纸，另用一小白条写上名字❶。晋中地区基本和以上祭祀形式相符。

3. 图腾崇拜

图腾一词来源于印第安语"totem"，意思为"它的亲属""它的标记"。图腾定义为一个群体的象征，主要是为了将一个群体和另一个区分开。由一个图腾，人们可以推理出一个族群的神话、历史记录、习俗。在许多图腾神话中，人们认为自己的祖先就来源于某种动物或植物，或是与某种动物或植物发生过亲缘关系，于是某种动物、植物便成了这个民族最古老的祖先。图腾崇拜也是祖先崇拜的一部分，图腾主要出现在旗帜、族徽、柱子、衣饰、身体等地方。图腾亲属观念是最原始的图腾观念，一般来说，产生较晚的图腾是不具有亲属意义的。华夏民族的图腾为龙，地处华夏文明发源地的山西晋中也不例外（图2-9）。龙的起源有多种说法，如综合图腾说、生物组合说、神话意象说、生命符号说等。其中，以闻一多先生的综合图腾说流布最

---

❶ 赵新平. 民初崞县乡村家庭的宗教信仰[J]. 晋阳学刊, 2006（5）: 41-44.

图2-9　山西太原晋祠圣母殿木质盘龙柱
来源：右图由王金平教授提供。

广："龙究竟是个什么东西呢？答案是：它是一种图腾，并且是只存在于图腾中而不存在于生物界中的一种虚拟的生物，因为它是由许多不同的图腾糅合成的一种综合体。"❶龙的样子，据《尔雅翼·释龙》云："龙，角似鹿，头似驼，眼似兔，项似蛇，腹似蜃，鳞似鱼，爪似鹰，掌似虎，耳似牛。""龙"是一个文化象征系统，它由众多的图腾糅合而成，因而每一部分都携带着古代部落与民族文化的信息。同时，其每一部分形象的取舍都是由民族的审美心理驱动、支配着的，因而每一部分又具有特殊的象征意义：牛头，象征勤苦、忍从、拼斗，代表着农耕文化；猪嘴，象征食欲，代表着口食文化；蛇身，象征性欲，代表着性文化；鱼鳞，象征多子欲望，代表着生殖文化；马鬣，象征权力欲望，代表着"官本位"文化；羊须，象征心性善良；鹿角，象征君子风范；狗形，象征忠实品格。龙的生成是文化融合的结果，而这种文化融合所构成的特殊形态，则体现着中国文化中"包容"与"和谐"两种基本精神的力量。这两种基本精神，正是人类未来所需要的。❷

---

❶ 闻一多. 伏羲考 [M]. 上海：上海古籍出版社，2009：21.
❷ 刘毓庆. 图腾神话与中国传统人生 [M]. 北京：人民出版社，2002：15.

图2-10 晋中地区正对路口的民居墙上的泰山石敢当

晋中地区村落的另外一种最常见的图腾崇拜是泰山石敢当（图2-10）。泰山石敢当是远古崇拜山石与道教东岳信仰的混合遗风，是立于街巷之中，特别是丁字路口等路冲处被称为"凶位"的墙上用于避邪的石碑。一块尺寸大小不拘的石碑上刻有"石敢当"或"泰山石敢当"这几个字，在碑额上还有狮首、虎首等浅浮雕，以求逐邪驱恶、大吉大利。有书籍认为，石敢即石敢当，其人，即刘知远为太原留守时，"将举大事，募膂力之士，得太山勇士石敢当，袖四十斤铁锤，人莫能敌"（清代《太原县志》卷十八）。所以也有说法是"泰山石敢当"本来源自山西太原的"太山石敢当"，但在使用过程中，人们渐渐以"泰山"取代了"太山"。在山西，"山西人修屋于路巷所冲之壁，多嵌石镌'太山石敢当'五字"（清代《太原县志》卷十八），而在其他各处，却通用"泰山"了。由于泰山的名望，现在多用"泰山石敢当"。

2.2.3 据信仰的目的性分类

1. 求雨类

民谚云：年年防旱，夜夜防贼。在靠天吃饭的旧时代，往往是种在地下，收在天上。每逢旱灾严重之时，人们便要举行隆重的祈雨仪式，祈求天降甘霖，泽润苍生，这是山西大多数农村都有的习俗。傅山先生在侨居太原松庄时，曾为当地的祈雨活动作"迎神词"；上兰村裂石口的窦大夫祠内，有一通祈雨感应碑，记载的是明代正统元年（1436年），由当时的地方官——镇守山西的都督李谦亲自主持祈雨、"至诚而神"的盛况；英济侯庙，在阳曲县西北40里北兰村裂石谷口，本赵简子臣窦犨鸣犊也，宋封英济侯，元至元三年（1337年）重建，岁旱祈祷，明朝洪武四年（1371年），改称晋窦鸣犊之神，岁时致祭❶。

祈雨一般由村里德高望重的"当家人"主持，选一些精壮后生组成祈雨队伍，祈雨者必先"涓吉备礼，斋戒沐浴"，在当地龙王庙或关帝庙等神祇前敬香祈祷，连续七天七夜，期间，祷告者只吃米汤捞饭，以示虔诚。如七天内仍未下雨，即到被视为神灵的大山中终年滴水的山洞中去祈雨，俗称"拜雨"。各地祈雨方式不尽相同，可像郑义的《老井》中所载山西太行山山民那样的求雨方式却少见："民国二十四年，和县大旱。头伏已尽，未见一场透雨。人们惶恐不安，纷纷设坛祈雨。"起初，年轻后生们"谨遵礼俗，忌葱姜韭芥蒜五味调料，忌女人，以极稀薄寡淡的米汤维系生命，轮流到龙王爷面前下跪祈求"。当这种虔敬的善祈失效时，便决心"恶祈"了。何为"恶祈"？就是"用'罪人'自甘受罪受罚的惨状，来触动神祇的恻隐之心"❷。

源涡龙王堂（图2-11），位于晋中榆次区郭家堡乡源涡村外东北不远处的田野中，该庙始建年代未考，现存建筑全部为清代中后期所遗。庙院坐北向南，由庙堂主院和源池两部分组成，其中庙堂为一进四合院，庙院沿中轴线布局，建于源池北面的高坡之上，现存建筑已经被村民自发集资于近年重修一新（图2-12）。大殿，配殿，东、西厢房，钟、鼓楼一应俱全。正殿供着五龙圣母，五龙王站立两旁。前边还供着观音菩萨和释迦牟尼佛。龙王堂的正殿和后殿是连在一起的（图2-13），平面呈"T"形，如果加上朵殿则呈"工"字形——相当于在正殿的后壁上开辟了一间"抱厦"，这样的殿宇形制在晋中绝无仅有。再往后走有一眼窑洞，里边供着一座活佛，是隋朝人，名叫田志超，有记载称他在此得道后到介休绵山禅定，是汉人当中极罕见的"成佛"之人，于唐贞观十五年（641年）坐化，唐太宗赐名空王佛。西配殿供着西方三圣像，东配殿供着地藏王菩萨，后殿形制特殊——主殿是单开间，而朵殿是三开间。左、右厢房为五开间插廊，明间、次间宽度相当，尽间狭窄。

龙王堂源池也叫"莲花池"，由自然泉水汇涌而成，"源涡"即由此得名。原莲花池面积广大，池内广植莲花，风景旖旎，"源池荷影"曾是榆次县著名的古八景之

---

❶ 李裕民. 山西古方志辑佚[M]. 山西省地方志编纂委员会办公室，1985：80.
❷ 宋俊宏. 郑义小说中的地域文化色彩[J]. 阅读与写作，2010（10）：3-5.

图2-11　源涡龙王堂外观

图2-12　源涡龙王堂特殊的工字形殿宇形制

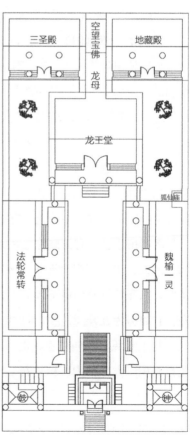

图2-13　源涡龙王堂平面图

第2章
晋中传统村落信仰文化空间的类型与分析

图2-14 五龙亭

一。五龙亭建在龙王堂山门前约100米处的源涡泉眼之上,为方形单开间亭阁,外观形制十分奇特,是重檐悬山顶。亭内空间狭小,故而不用大梁,只以单踩斗栱和耍头的后尾与抹角梁共同承托檩间,亭内彻上明造,上部悬塑着黄、蓝、绿、粉、白五条盘龙,腾空跃舞,形态逼真,而且保存完好,艺术价值突出(图2-14)。近年村民自发对其进行了重装。

据堂内的五龙碑记载(图2-15),年逢三遇初一,龙王堂樾楼唱戏,选德高者担香绵山拜佛。传龙王堂在清康熙庚子年(1720年)时称施霖洞,雍正、乾隆年间两次重修,内供龙神及空王佛,邑令当祈雨于此。

图2-15 五龙碑文

山西地处北部干旱半干旱气候区,旱灾比较严重,所以祈雨是与生产密切相关的一项活动,是民众生活的重要组成部分。《明清时期山西民间信仰的地域分布与差异性分析》中写道,山西境内广有龙王庙,但在不同区域,乡民祈雨诣神除龙王之外各有所奉之王神:汾河沿岸主要奉台骀神,即汾水神;今长治地区民众祈雨所向是三崚庙;而在广大晋南地区,汤王庙为民众祈雨之所。

2. 求平安

在晋中村落的几乎所有信仰中都包含了祈求平安的愿望,太原市晋源区赤桥村的祭车信仰尤为突出。每年的腊月二十三日,也是民间说的"小年",太原晋源区赤桥村家家户户都要进行祭车活动,这起源于古代祭战车,将士们在打仗前杀猪宰羊,对战车进行祭奠,以求得战争的胜利,后来演变成祭奠自家的马车。现在,人们生活富裕了,以汽车代替马车,家家户户对自家的爱车进行祭奠,以求来年"车源滚滚",大吉大利,大富大贵,四季平安。看上去虽然有点迷信,但是也包含了人们对生命的敬畏,以及追求美好生活的愿望。

3. 求子类

古话说:不孝有三,无后为大。求子类信仰是十分普遍的,晋中也不例外。榆社多处建有奶奶庙,其中香火最旺的当数崇纂、榆社城、云簇三地的奶奶庙。各地所供"奶奶"不同,这三处分别供奉的是大奶奶、二奶奶、三奶奶;其起庙会的时间分别是农历四月十四日、四月十八日、四月二十一日。传说这三个"奶奶"原是三姐妹,因搭救某个地方被妖魔祸害的百姓,而被妖魔害死,三姐妹死后多日,虽正值盛夏,但面容姣好如初,即被百姓奉为神灵,并分别立庙祭祀。崇纂村东南方向的南神头(地名)山顶上建有一座奶奶庙,就是这座来历不凡的奶奶庙,为崇纂之名的来历增添了一分既神秘莫测,又文意隽永的特殊色彩。

崇纂奶奶庙究竟建于何年,已不可考。但由清代光绪版《榆社县志》所记"爱花圣母庙,在西乡。同治年,千总岳廷魁等经理重建"等文字可看出,此庙在清代之前已有。从庙前残留石碑来看,民国时也曾重修。据老者回忆,当时每逢庙会,由附近"八大社"(神转、大平沟、金藏、斗角沟、桃阳、乔家沟、东庄、壁图画8个村)共同操持,各村推有2名管理者,16人中再推一名负总责者,称为"九首"。"八大社"每年轮流牵头办理庙会诸项事宜,轮到哪个村,四月十三日先在那个村唱戏,十四日才移至奶奶庙戏台。接戏仪式极为隆重,有放铁炮者前边路,背棍、抬棍、小花戏、武圪榄等表演队伍随后跟进。"文化大革命"时,村里有一红卫兵将庙中石首砸下,弃于沟坡,之后,大庙也被众多的"造反派"拆毁。20世纪80年代,大平沟一位岳姓村民在奶奶庙附近割草时,忽见断碑上盘着一条大蛇,遂告于人,村人以为奇,即言"神圣显灵也"。于是,众多善男信女又纷纷募捐,重建庙舍,并定于每年农历四月十四日赶庙会唱大戏。此俗至今不衰。

4. 求学类

求学类信仰文化空间以文庙为主。文庙,也叫圣庙、至圣庙、先师庙、夫子庙、孔圣庙、孔庙、文宣王庙等,是纪念哲学思想家孔子的场所,统称为文庙。文庙原本是我国特有的历史纪念性建筑,但是随着儒家思想不停地、迅猛地、广泛地传播和扩散,至少在明代以前,世界上许多国家都建起了文庙。美国人麦克尔·哈特的观点:在世界历史上,就影响的深度和广度来讲,孔子仅次于释迦牟尼、耶稣和牛顿;而要讲其影响的人数以及时刻对这些人的日常行为所起的作用,至圣孔子堪当第一。

我国的文庙建筑格局是政府制定的,但是并未被严格遵守,其中有四组建筑是相同的,无论规模大小、等级高低的文庙都具备,那就是:棂星门、泮池及状元桥、大成门和大成殿。其中泮池及状元桥的位置略有不同,而其他三组建筑的位置也是固定的。

在晋中地区就留存着两座"村级"文庙,其中一座就是第六批全国重点文物保护单位之一的金庄文庙。金庄文庙位于平遥县城以东约5000米处的金庄村北,方位坐北向南,前后四进院落,沿中轴线依次分布棂星门、明伦堂、龙门、泮池及状元桥、仰圣门、大成殿、东西两庑等建筑,总面积约1200平方米(图2-16)。始建于元延祐三年(1315年),在现存建筑中,大成殿为清代重修所遗,其余多为民国建筑,被评为全国重点文物保护单位后全面修复。金庄文庙虽是"村级"文庙,但是就现在的状况来看,有许多不同于更高级别的文庙的地方,

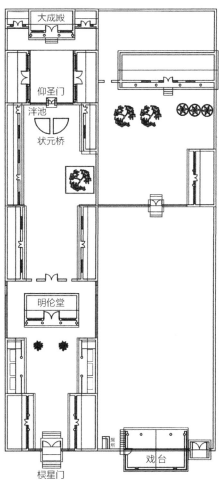

图2-16 金庄文庙平面图

（a）明伦堂位于大成殿之前　　　　（b）龙门（状元门）　　　（c）奇特的孔子造像

图2-17　金庄文庙奇特之处

来源：(a)、(b)自摄，(c)出自"王永先，李剑平. 山西古代彩塑品赏[M]. 太原：山西科学技术出版社，2003：100"。

比如：明伦堂位于大成殿之前（一般来说应该位于大成殿之后），在大成门的位置；在明伦堂殿后约3米，建有一座"龙门"，也叫状元门，在我国现存的其他文庙中，中轴线上都没有这座建筑；大成殿里存留的珍贵的元代孔子造像，高1.75米，额头高广，双目深陷，鼻头突出，嘴唇厚阔，门牙外暴，脸色黝黑，面形十分奇特，暗合古代所谓"异人之像"（图2-17）。

　　孔子是中国文化的核心，被联合国认为是最伟大的思想家之一，很多地方都在建孔子学堂，立孔子像，可以肯定地说，孔学是整个世界的财富。孔子开创的儒学，是中华民族巨大的精神财富，是人类伟大的思想宝库。他所倡导的"己所不欲，勿施于人""和为贵""和而不同""四海之内皆兄弟""协和万邦"等思想和观念，对于中国建设社会主义强国，矫治时代弊病，构建和谐社会以及促进国际经济政治新秩序的建设，都有着十分重要的意义。文化越来越成为民族凝聚力和创造力的重要源泉，2011年9月28日是孔子诞辰纪念日，山西省民俗博物馆（太原文庙）举办了纪念孔子诞辰2562周年暨"山西转型发展与道德建设"活动，以最高规格的"三牲"古礼来祭孔，按照古代"释奠礼"的祭祀方式，以面塑的猪、牛、羊三牲等"太牢之礼"祭拜先师孔子，引起与会来宾们的赞叹。"太牢"也称为"三牲"，即在祭祀台摆上羊头、猪头、牛头，来祭奠至圣先师，这是中国古代祭祀典礼中最高贵的祭品。这一纪念活动加强了三晋儒学的研究，对儒家文化进行了创造性转化，促进了人们心灵和道德的净化与升华，发展了山西的人文教育事业。我们在吸纳融合多元文化的同时，也应该保持自己本身的文化，继承和发展儒家文化的精髓。

5. 丰收类

晋中地区在历史上是一个农业大区，民间的庙宇大多和当地的生产、生活、信仰有一定的关系。古代百姓有祈求苍天、祈求后土神保佑风调雨顺、五谷丰登的习俗，所以后土庙历来受到特别重视。后土庙主要供奉的是后土夫人，她是掌管阴阳生育、大地、山河的女神，自秦汉以来，历代帝王多有祭祀，对她和玉帝的祭祀规格一致，可见她在人们心目中的地位。

据考证，隋朝以后，后土就是一位女神，以皇帝配享，后土祠中的女神形象，民间俗称其为"后土娘娘"。"后"字的初义是指女性，"土"字的意思是万物之母，后土的意思，是"地母之尊"。位于介休城内西北角的后土庙，创建年代不详，据庙内现存碑文记载，南朝宋大明元年（457年），梁大同二年（536年）皆重修，可见后土庙的创建年代是比较早的，到宋仁宗皇祐元年（1049年）又敕修，后毁于地震，元延祐五年（1318年）复建，明洪武、正德年间又重修，清道光十三年（1833年）又进行大修，现存建筑多为清嘉庆、道光年间的遗物。

介休后土庙规模宏伟，建筑结构合理，平面布局严谨，是一处包括五进院落并配有楼台殿阁的庞大建筑群，有影壁、山门、过殿、东西配殿、三清楼、钟鼓楼、后土大殿等，坐北向南，南北长约110米，东西宽约40米，占地面积为3547平方米，是为了祭祀后土而建造的（图2-18）。山门前有照壁，壁心正中镶嵌有麒麟图案琉璃构件，山门（也称金刚殿）内，四金刚分列左右，魔

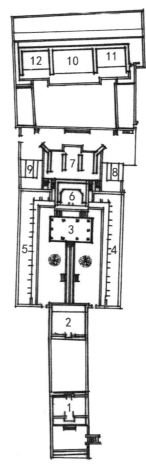

1. 山门
2. 过殿
3. 献亭
4. 东配殿
5. 西配殿
6. 三清楼
7. 乐楼
8. 钟楼
9. 鼓楼
10. 后土大殿
11. 东朵殿
12. 西朵殿

图2-18 后土庙平面图
来源：王金平教授提供。

家四将威武雄健；山门以里，正向为过殿，也称戟门，殿内塑像四尊，手执剑戟武器，凶神恶煞，是道教中的护法神。过殿正面悬挂一方匾额，上书"道教开天"四字，可知后土庙是一座道教庙宇。过殿以里，左右两侧为东、西配殿，殿内塑有道教内容的一千余尊塑像，其规模之大是十分罕见的。东配殿主像为勾陈上宫天皇大帝，也叫勾陈上宫南极大帝，是道教中被尊为"四御"之一的重要天神。西配殿主像为中天紫微北极大帝，也叫紫微中天北极天皇大帝，也是"四御"之一的重要天神。东、西配殿内其他各个天神地神的塑像，都是朝拜元始天尊的众神形象，朴实无华，栩栩如生。由过殿经高台甬道正向为献亭。献亭建筑奇巧，四面开朗；献亭以北是三清楼，三重檐十字歇山琉璃顶，前有抱厦，后连戏楼，因楼内藻井上有太极八卦木雕图案，所以又叫八卦楼。三清楼下层原为三清正殿，殿内塑像三尊，主像为元始天尊，左为太上老君，右为太上道君。三清楼背面为戏台，戏台左右设八字形影壁，三清楼东、西为钟、鼓二楼。过三清楼达后院，东、西廊庑已倾圮，大殿斗栱飞檐，重檐歇山顶，雄伟壮观。大殿左右各置朵殿一座，与大殿紧紧相连，合为一体。

后土庙的琉璃，以其精湛的工艺、经久不衰的色泽而著称于世。庙内各座殿堂，几乎无一处不施琉璃，碧绿、金黄、孔雀蓝交相辉映，使人眼花缭乱。八卦楼顶由黄绿两色琉璃瓦构成菱形图案，金黄色的莲花脊饰、脊刹、鸱尾、走兽、仙人琳琅满目，就连十字顶两侧的博风板、悬鱼、惹草也装饰得形象逼真。更有甚者，影壁的博风板上饰以紫白两色葡萄，远瞧难辨真假。后殿及其左右侧的朵殿，殿顶满饰黄色琉璃，金碧辉煌。后土庙的全部琉璃饰物都具行业较高的工艺水平❶。

每年农历三月十八日，后土庙都要举办盛大的庙会。庙会上不仅出售各式各样的民间工艺品、小吃等，而且在古老的戏台上，来自山西各地的艺术家轮番表演山西的晋剧，使古老的戏台真正焕发了青春。后土庙的戏台堪称建筑艺术的典范，不仅有很强的实用价值，也有很高的艺术水准。戏台的屋顶全部镶嵌琉璃瓦，琉璃瓦造型各异，异彩纷呈。戏台两侧的博风板上镶嵌着紫白两色的葡萄，活灵活现，几可乱真。戏台的抱厦上是精美的木雕，不仅有钟、鼎、炉、瓶等图案，而且还雕刻着彩凤戏牡

---

❶ 国家文物局. 晋中考古 [M]. 北京：文物出版社，1999：123-124.

丹等故事图案，使古老的木雕和琉璃相得益彰，大放光彩。现在戏台的旁边还有用黄纸书写的戏码子，都是庙会中上演的剧目。现在这个戏台使用的机会不多，大多作观赏之用。

6. 忠义类

晋中地区，除去正祀之先农庙、后土庙、关帝庙、城隍庙、娘娘庙、龙王庙等数量较多之外，崇拜较广的应该是狐突崇拜。狐突（？—前637年），字伯行，原姓姬，因其祖父分地狐氏大戎（今交城西北山区），故改姬姓为大狐。万历年间《太原府志》卷二十之"人物篇"记载："狐突，交城人"；清光绪年间《交城县志》记有"神乃却波（交城县城）人"；傅山也进行过考证："交城为大夫故里"；在交城也建有狐突本庙。因此，可以确切地证实狐突为交城人。又有碑文记载："狐神者，春秋时晋大夫狐突也，孝而安民，大义谆诲，晋文公哀其死，嘉其节，慕其忠，卜葬马鞍山，大宋救封'护国利应侯'，而马峪村亦建祀焉。"狐突本是春秋时晋国大夫，因不事二君，死后被人祭祀、供奉与崇拜。相对来说，对古圣先贤的崇拜，更多的成分是品德节操方面的崇尚与敬仰。"山西太谷……有狐突祠，土人奉事之甚，敢之稍不敬辄致风雹。"（清《纪文达公笔记摘要》，引自民国《太谷县志》卷八外编）各地起源时间不同，交城"立祠已久，唐长史王及善徙于此"，阳曲"宋景佑中赐额曰'忠惠'，元大德初建……"祁县"'立应侯庙'祀狐突，金大定间建"，但到清代，狐突寺庙记载已多见于方志，太原、介休、太谷、文水、榆社、阳曲、祁县、徐沟、交城、永宁、清源、平定县志中均有记载，其中阳曲一县就有三座："一座在南关小木桥门外，一座在牛治门外，一座在萧家营，祀晋大夫狐突。"狐突神庙几乎遍于晋中各县市，但综观这些文献，其记载却比较简单，往往仅有兴建时间、祠所立之地，如徐沟"狐堰庙在县东北通堡内"，清源"狐大夫祠，在西南五里马鞍山下，元至正二十六年建"（光绪年间《山西通志》卷一六五"祠庙"）等，较之其他记载为简，关于其酬神活动也仅仅限于"以神诞辰报赛，加香烛"（民国《太谷县志》卷七"古迹考坛庙"）。此种情况，较之晋南的崔府君崇拜似是"香火不旺"，但无论其神祇起源还是寺庙分布，乃至信仰区域，它应该是"极山西化"的一个区域性地方神祇。

位于山西省清徐县马鞍山麓西马峪村北的狐突庙，亦称狐神庙、利侯庙、狐大夫祠，始建于北宋宣和五年（1123年），明、清两代屡有修葺，距今有近900年历史。

狐突庙坐北朝南，宽25米，深75米，占地面积约1875平方米，是重院建筑，分前、中、后3个院。前院为戏台、鼓楼、望楼、厢房和献殿，现存献殿，面阔7间，进深4间，硬山顶琉璃剪边，殿内横轴施通柱6根。山墙绘有《布雨回宫图》60平方米，西壁为《出巡布雨图》：上部乌云滚滚，电闪雷鸣，下部龙王骑龙，夜叉持伞，侍者前呼后拥，有一老者（即狐突）左手执环，右手扬拂，作施甘露状；东壁为《回宫图》：万里晴空，禾苗茁壮，一行人马从南而入，描绘狐突雨后回宫的情景。东西有清代、民国石碑8通。中院有古槐1株，周长约5米，高10多米，距今已有800多年历史，依旧枝繁叶茂，苍劲挺拔。后院为碑廊和正殿（图2-19），正殿3间，殿前悬挂"三晋名臣"匾额1块，正殿内现存元代彩塑8尊，狐突夫妇像端坐中央，像高2米，两侧为6尊侍女像，均具元代特征。正殿左右的配殿内为黑白龙王夫妇像。其东西侧各有石柱碑廊3间，分别存放着元、明、清和民国时期的碑刻共10通。在光绪《清源乡志》

图2-19　清徐县马峪村狐突庙
来源：张勇，石谦飞，张淼林. 清徐狐突庙建筑艺术特色探析［J］. 建筑与文化. 2019（4）：240.

中有关于狐突碑的记载:"狐突碑,在马峪狐神庙内。碑石光亮如镜,可见毫发,俗名'透灵碑'。"2006年5月25日,狐突庙被国务院公布为第六批全国重点文物保护单位。

因此,民间对大圣大贤的崇拜更多地是用传统的庙祀形式,这是民间崇拜的独特形式。但是,在民间信仰中,所有庙祀圣贤几乎都被赋予了地方或族群保护神的职能,狐突也不例外,清徐人民对狐突先后赋予了雨神和地方保护神的职能,汉代为雨神,明清为财神,民国以后为生育神。

2.2.4 据信仰的场所分类

1. 固定场所(寺庙祠观)

显然,在人类历史上,迈向文明的第一步曾独立地发生在许多地方。不过,最典型和自立的途径似乎是由农民的聚落社会开始的,农民聚落有剩余生产,有地域性的首领与仪式,并对生、死、疾病以及人类社会的生存和延续等有共性的忧患。如果其中某一个圣庙以自己独特的吸引力而受到尊重,便开始吸引更大区域里的朝圣者和捐赠物。于是,这个地方便成为一个永久性的仪典中心,有专业的祭司来主持仪式和管理事务。为了增加吸引力,祭司们把朝圣仪式和物质环境结合起来建造这个中心。于是,这些场所和仪式为朝圣者提供了一个能从忧虑中解脱出来的精神环境,并成为他们自己寄托精神和体验仪式的场所。物质、仪式、神话以及权力在这个地方不断地累积❶。在这种情景下,实体环境起着关键的作用。它是宗教思想的物质基础,是把农民拴捆在这种制度下的精神刺激物。

大部分能保存至今的信仰文化都依赖其载体,也就是实体环境的存在。那些有固定的场所来供奉神祇的信仰保存占到绝大多数,由于固定场所的存在,使人们不易忘记那些渐渐远去的神灵,不仅如此,还起到提醒的作用。所以,有固定场所的信仰文化一直沿传至今。随着时代的发展,很多文庙后成为小学或中学,不少文庙建筑也在学校之内保留下来,文庙的大量保存,使得孔子信仰走出国门,走向世界。

---

❶ 林奇. 城市形态 [M]. 林庆怡,陈朝晖,邓华,译. 北京: 华夏出版社,2001: 4-5.

静升文庙位于静升镇王家大院风景区内南面，占地面积为424平方米，始兴建于元惠宗至元二年（1336年），是一座具有北方特色，堪同州县文庙媲美的乡村文庙。它结构精巧、独具匠心，庙内雕刻精致细腻，其中最引人注目的双面镂空石雕"鲤鱼跃龙门"影壁是当今国内极为罕见的元代艺术精品。文庙现存两进三路院。中轴线上有影壁（万仞宫墙）、棂星门、大成门、大成殿、寝殿和尊经阁。文庙建筑以元明为主，门口的"鲤鱼跃龙门"影壁是元代遗物之一。棂星门为四柱三间的石牌坊，明次楼的仿木石斗栱五踩双下昂，骑马雀替采用透雕，异常精美；棂星门与大成门之间有泮池、泮桥。主殿大成殿单檐悬山顶，面宽三间，进深三间出前廊。外檐斗栱三踩。大殿修缮较多，前廊也加上了平棊，但沿用悬山顶这点颇让人寻味，另外，台基的丹陛石也应是元代遗物。大成殿北面还有无梁殿五间，中间三间作为寝殿供奉至圣先师夫人亓官氏；东为崇圣祠，供孔子五世祖；西为启圣祠，供孔子父母。无梁殿之后是尊经阁。静升文庙历经明清及民国年间多次维修，至今保持原貌，实为珍贵文化遗产，于1996年被确定为第三批"省保"，它和王家大院、王家祠堂、后土庙（静升村）等一起组成的古建筑群，成为静升古镇的重要遗产。

2. 半固定场所（依附场所）

半固定场所是指那些需要依附在民居的构件上的信仰文化空间。晋中的民间信仰形式非常丰富，原始的拜物教性质的信仰大量存在，区别于儒道佛等正统信仰，传统村落的民居院落中从大门开始一直到炕头都充满了民间自有的信仰。每户院中大门处设土地龛，正墙设天地龛，房顶上立吉星龛，家中灶火上方设"一家之主"灶王爷位。这些神是民间广泛信仰的神灵，他们与人们的生产、生活紧密相关，自然也就深入千家万户，贴近人民生活，祭祀他们的风俗也一直保留到现在。

在居民的生活中，他们会非常看重土地神、门神和灶王神。例如在平遥古城中，无论院落是大是小，通常都会有土地祠的存在，不一样的建筑规模，神祠的样式也有所不同，土地祠绝对算得上是平遥民居不可缺少的部分。一般的土地祠都在两个位置，不是在大门对面的影壁上就是在入口附近的墙壁上，在墙上设置小神龛，神龛样式是砖雕或木雕的小庙，龛内放土地造像并遮盖以红布。有的土地祠两侧贴有对联："土地堂前坐，四季保平安。"由于当地历史上人多地少，有限的土地支撑着人们的衣食住行，因而对土地虔诚的敬意可想而知，对土地祠的供奉表现出了这种人文心态。有一些院落的大门正好面向正南，在结构上，大门入口和二道垂花门通常是相对的，在院内的垂花门两侧都建有影壁墙，这样两座影壁墙上一般都会有小龛，这两个小龛被称作"门神府"和"土地庙"。这两座小龛很好地弥补了影壁墙的缺失，在宅门中开的时候能够给人视觉和心理上的安全感。几乎所有的宅子中，灶台的上方都有供奉灶王的地方，相传灶王能够保佑家人饮食，而且年关祭灶活动很重要。不论是何种神明，都在居住者心中有一种威信和权威，人们认为神明可以保护居住者的日常生活起居。神明的存在满足了居住者的精神要求，成了居住者的心理依托，同时为建筑细部构造提供了广泛的素材❶。门神源于远古时期的庶物崇拜，殷代天子祭五祀，门即为其一，周代祭五祀于宫"门"——每日每时必经之处，自然加以重视，祭祀将门神形象化及人格化。门神相传为天神，奉黄帝之命统辖人间鬼怪，故逢农历十二月三十日晚，用桃木雕两神置于大门两边，以御鬼怪，消灾难，后画两神像于门上，遂为门神。在民间，门神就自然而然地成了宅院的保护神，当然这也是古代人们造神的一种结果。门神的位置几乎都是在建筑大门的门板两侧。门神还有自己的分类，诸如捉鬼门神、武将门神、祈福门神等，主要可以将它们分为"驱鬼辟邪"门神和"祈福迎祥"门神两类，祈福门神多在内室，武将门神多在大门。中国人很早就有除夕贴门神的习俗。上古已将门祀列入"五祀"之中，《礼记·月令》记载，门神是"阴气之神"，而鬼又为"阴气贼害"，故门神在风俗中的主要功能便是驱鬼❷。现在仍能见到的捉鬼门神一般画着钟馗，武将门神大都为秦叔宝和尉迟恭（图2-20），武将战绩显赫，更能镇鬼驱邪，使之无法越过门栏，家户更加安全，祈福门神多作与福、禄、财神相似的文官打扮。

另外，半固定场所的信仰文化空间还有天地爷、土地爷、财神爷、马王爷等。天地爷常供在院正房中间的柱子上，其对联有："天高悬日月，地厚载山河""天恩深似海，地德重如山""敬天地富贵，孝父母平安"。土地爷常供在街门洞内或门前照壁上，其对联有"土地门前坐，保佑一家人""万物土中生，黄土变成金"。灶王爷常供在屋内锅台边，其对联常是"上天言好事，回宫降吉祥""黑炭生红火，清油点明

---

❶ 宋昆. 平遥古城和民居 [M]. 天津：天津大学出版社，2000：11.
❷ 何晓明. 图说中国文化民俗卷 [M]. 长春：吉林人民出版社，2007：116.

图2-20 武将门神
来源：何晓明. 图说中国文化民俗卷[M]. 长春：吉林人民出版社，2007：116.

灯"。财神爷常供在屋内或里间放置财物的地方。其对联常有"天下财源主，人间福禄神""恭敬如神在，虔诚圣有灵"。马王爷则供在牲口圈❶。

3. 临时场所

临时场所是指平时没有任何踪迹，到了一定的日期按照习俗临时搭建起来而在活动结束时消失的信仰文化空间，比如榆次张村的架火、榆次北六堡的抬冰山、点旺火等活动的场所。

架火最开始出现在明朝，在晋中的历史已经有数百年，这种形式仅存于晋中文化之中。在旧时代，放架火的目的就是保护家园平安、消灾祛邪、降鬼除魔。在时代的变换中，架火的意义有了些新的内容，现在人们用架火来欢庆国泰民安、五谷丰登，祈求风调雨顺、安居乐业。在榆次张村，每年的正月十九大庙会上，人们白天赶大集，晚上就会燃放架火。架火的燃放是有着自己的规格和制式的，以桌子为顶立，共有12层，这里的12代表每年12个月，在某些闰年的时候就会有13层。一般的架火会有13米高，宽大约有2米，大体上呈现塔状。每一层的造型都会有所不同，通过竹、木、纸、绳的灵巧组合形成各种各样的楼台亭榭，还会有很多浓墨重彩的彩炮、绣炮等存在其中。顶部的样式一般会是"二龙戏珠""日出东海""龙凤呈祥"。在架火的

---

❶ 赵新平. 民初崞县乡村家庭的宗教信仰[J]. 晋阳学刊，2006（5）：41-44.

图2-21 榆次张村架火

周围也有很丰富的内容，楹联、彩灯、礼花弹、彩鞭、大爆竹等都会有。架火具有很高的艺术价值，这在其下三层中有很好的体现，这三层中的很多内容都和民间故事、传说有很大的联系，而且一些用泥巴、绢做的戏人和山水、花草鱼虫、亭台楼阁等造型相映生辉，观赏价值非常高。架火由下到上燃烧的景象十分恢宏，万炮齐鸣、万众欢腾，气氛十分喜人（图2-21）。

在太原，元宵节也是习惯如此："太原每于元夜，当门攒石炭，高数尺。以火然❶之，名曰：塔火。街衢照耀如昼，巨观也。"❷这些信仰文化空间是定期举行的，结束后就存留在人的脑海中，等待着下一次的营建。对于这种信仰文化空间，人的传承尤为重要，因为里面包含了精湛的技艺，技艺失传，临时性场所的信仰文化空间也就随之消失了。

2.2.5 据信仰的时间分类

1. 传统节日

"节日"一词的本义就是祭祀。许多节日都是从"恶日"发展而来，例如中国最

---

❶ 然，通燃。
❷ （清）李燧. 晋游日记［M］. 黄鉴晖，校注. 太原：山西经济出版社，2003：65.

大的民族节日——春节，人们放爆竹、贴门神用以驱鬼、驱灾、驱兽，并由此而衍生出与之相适应的年节装饰艺术，如画鸡于户、画虎于门等。节庆民俗是中华民族的重要文化遗产，各民族一年之中的节日有数百个之多，几乎月月都有节日。山西传统节日：春节、填仓节、青龙节、寒食节、清明节、四月初八、端午节、六月六节、七夕节、中元节、中秋节、重阳节、送寒衣节、开斋节、冬至节、腊八节。晋中地区的传统节日要数"年文化"来得最为丰富和隆重，从腊八节开始就进入了中国的年，历经祭灶节、除夕、春节、立春、迎喜节、破五、人节、谷神节、石头节，直至元宵节才算谢幕，期间的信仰文化往往也表现得最为集中，最为典型。在榆次后沟村，年三十下午，贴对子，挂红灯笼，门上插松柏枝（四季常青的意思），放三个双响炮，包饺子，吃饺子前放炮仗；晚上要敬天神、土地神、祖宗牌位。新年钟声敲响时放炮。年初一，早上点旺火（代表一年红红火火、兴兴旺旺，图个吉利），放炮，敬天地爷、土地爷和祖宗牌位（顺序是先敬祖宗牌位，再敬土地爷，最后敬天地爷）。在这整个过程中涉及的信仰活动空间主要是天地龛和土地龛。

天地龛文化是后沟村最典型的信仰文化，几乎家家都设有天地龛，后沟村的村民对天地神的信任是一以贯之的（图2-22）。婚丧嫁娶的仪式一定要在天地神龛前完

图2-22　榆次后沟村天地神龛

成,让天地神作见证,见证人生中最重要的事情;生老病死也不忘记在天地神前祈祷;年节时,小辈看望长辈,行礼磕头,头也要磕给天地神。天地神的供奉,最重要的日子是在年初一和十五。这两个节前村民们都要仔细地打扫天地神龛上的杂物与尘土。在过去,天地神龛平时忌讳放脏东西,要打扫得干干净净,随着时代的变迁,出现了似乎荒诞的现象,供奉祭祀时,天地龛是圣洁的神殿,但除却这几个特定的年节,天地神龛有自己的实用价值——龛位台上是晒鞋的好地方。

土地龛在老式院里一般很考究,多以精美的砖雕为主。但新建的就简单多了,只是在建影壁墙时留出一个两砖大小的洞孔。土地龛的精致或寒碜,往往折射着时代的变化、信仰的变迁。通过土地龛的对联(横批:人勤地丰。上联:土中生白玉。下联:地内出黄金)可以看出村民对土地的信任和依赖,只有靠种地谋生的人才明白泥土的可贵,这种朴实的农耕思想一直支撑着祖祖辈辈在这块土地上辛勤耕作。六畜是牛、马、羊、猪、鸡、狗,其中前两位是家庭主力,中间三位是生活调剂,最后一位则被戏称为跟着起哄。牛、马谓之大牲口,能出大力、起大作用,是农业家庭生活的基础。所以过年祭祀神明的时候不敢落下牛马王,以保佑当家来年槽头兴旺(图2-23)。

图2-23 榆次后沟村土地神龛

2. 人生礼仪（生、死、婚、成年）

"人从出生到死亡要经过许多人生的必经阶段，这些阶段文化学上称之为'生命关口'。"❶期间都充满着仪式性，其中最隆重的要数婚娶丧葬。

婚礼在乡土社会是劳作生活中最喜庆欢乐的日子，在晋中榆次后沟也不例外，并在长期的累积中形成了具有后沟特色的婚俗。结亲之前，看八字，选婚期，做新装新被；新婚前一天，男方家到女方家送礼盒，贴路标，请戏班子，请祖位；新婚前夜，新郎新娘吃喜饺子；迎亲仪式：男方家在新人入门前，在院门两边各燃一堆草火，即"旺火"（这表示驱除邪恶，并象征新婚夫妇婚后日子越过越红火），然后"拜堂"，又称"拜天地"，参拜天地、祖宗和父母，女东男西行夫妻对拜礼，最后是"认亲"。礼毕后闹公婆。喜宴上，新郎新娘给客人敬酒。可以看出，拜天地是婚俗中必不可少的环节。那么，为什么叫拜天地呢？因为新人拜堂时是对着天地龛（在传统节日中已论述）举行仪式的。

中华民族有一整套传统的丧葬礼仪，包括送终、报丧、入殓、哭丧、守铺、居丧、搁棺、出殡、落葬等，与此相关，还形成了非常重要的祭祀仪式，以此追忆先人。每年清明时进行扫墓，也是祭奠祖先的重要仪式。

图2-24 榆次后沟村五道庙

丧葬可以说是乡土社会中最重要的事件之一，有着十分隆重的气氛和繁杂、严格的仪式化过程。榆次后沟的丧葬仪式为：停灵守灵，破孝戴孝，出殡，午祭，下葬。报丧时要在亲戚家的天地龛前磕三个头。后沟村有"放魂"的习俗，因为旧时人去世了，家人都要到五道庙里进行"报庙"。五道庙是供奉五道将军的庙宇，民间称作"五道老爷"（图2-24）。按道教的说法，五道将军是东岳大帝属神，且

---

❶ 李亦园. 人类的视野 [M]. 上海：上海文艺出版社，1996: 99.

是重要助手，掌管世人生死荣禄，为阴间大神，地位高于阎罗王前的判官。五道庙一般设于村口路边，故又兼有护村守道、驱盗祛邪的功能，有"邑城隍，村五道"之说。就规模来说，一般五道庙不大，常常就一间，甚至一小间，连个小院也不圈，孤立地就一座小庙。在旧时中国民间，尤其是晋冀鲁豫一带，这是非常普遍的。对现代人来说，是越来越陌生了。但是它在华夏传统文化、宗教信仰和民俗研究方面仍有重要的地位和不可忽视的历史价值。

3. 春祈秋报

中国自古就是一个农业大国，长达几千年的封建社会更是一个典型的农业社会，时至今日，中国从事农业活动的人仍然占据总人口的绝大多数。农业祭神方面，中国有着很久远的历史，祭神的名目很多，也很受人们重视，诸如土地庙、天地爷、龙王庙等处处可见，有时候还会有官方主持的一些重大典礼。

在农民们看来，土地神与庄稼的关系非常大，祭祀土地神就能够保佑禾苗茁壮生长，庄稼不受风雹虫害的侵害，农民们就能够获得大丰收。春秋两季是重要的祭祀活动时间，春天是一年田事开始的时节，进行祭祀活动是为了求得丰收，在秋收后，要感谢神灵的赐予，这就是"春祈秋报"的含义。人们如此崇拜土地的原因显而易见，土地和耕种、食物紧紧联系，关系到人们的生存，土地象征着强大的生命力、生育力。土地的崇拜还和社稷有着紧密的联系，在古代，社代表的就是土地神，人们口中常常提到的社稷就是土地神和谷神的意思。《孝经》有过这样的记载："社者，土地之主也，土地广博，不可遍敬，故封土，以为社而祀之，报功也。"❶在《周礼》中我们还能看到当时的社会管理，每二十五家会设置一社，这就表现了土地神和社会管理的联系。在古代的中国，无论是统治阶级还是被统治阶级，都对社和稷有着极强的崇拜，百谷生于土，故稷神的祭祀有时并入社神之内。和社有关的诸多称呼中还有"后土"这样一种说法，关于后土的解释，《辞海》中说，后土就是土地神的意思，也可以指祭祀土地神所用的祭坛。后土指地，相对的就是皇天，故后世有"皇天后土"的说法，可以看出土地神的含义中既有广泛的一面，也有地方性的一面，认识到这一点对我们日后的研究工作具有比较重要的意义。远在周朝的时候，祭祀社稷就已成了定

---

❶ 孙述山. 诗经中的民俗资料 [M]. 台东: 孙述山出版, 1978: 42.

制,后被人们广泛接受的只有土地神,时值汉朝,设坛就已经在城乡中普遍存在了,虽然人们重视土地神,但是土地神的地位并不是非常超然,在角色上,他更加亲近普通大众。今天,人们的信仰崇拜活动已经和天人赏报关系不大了,人们的祈祷、祭祀活动更多的是习俗的关系,千年来的习俗传承是一代又一代农民崇拜土地神的根本原因。

除了礼敬土地神之外,另一个被人们普遍重视的节日就是"谷神节",内容就是向岁星祈求,以求农业丰收和众人安福。每年的正月初八是"谷神节","谷神节"的叫法在晋中并不统一,祁县就将这一天称为"祭星"。岁星和古人们的天文研究是紧密相连的,人们将木星称为岁星,木星的运行周天是11.86年,非常接近12年。所以,人们以木星的出现为标志,将周天分作12次,木星每出现一次则有一个特定名称,岁星之说由此而来。伴随着道教在我国的广泛传播,"岁星纪年"的做法普及开来,道教认为每年都有一位称作太岁的神灵值岁,根据十二地支的顺序,每十二年轮回一次。又结合民间的"太岁头上不能动土"的说法,太岁就演变成了有关土地的神灵,人们开始为粮食丰收而向太岁祈求。这就是每年谷日人们祭星的由来。祭星活动的时间是在夜间,供奉用的供品是小米焖饭。在每年的正月初八的黄昏,人们在院子里依据北斗七星的样式点上七盏灯,然后向北而拜,向岁星祈求一年的顺利平安。在古代商人们还会在这一天开市,并且大摆筵席宴请宾客。祁县在明清时期是著名的晋商聚集地,因而在正月初八那天,祁县就会显得格外的热闹,各个字号都为开市大吉而进行各种活动。祁县的山西梆子、祁太秧歌等艺术形式也和这一天的庆典活动有深刻的联系。山西其他地方的祭星活动也有,但是形式稍有不同。晋北地区的祭星活动在天地神面前进行,也燃七盏灯。晋东南地区的祭星活动,供奉用九盏米面做的饼灯,并且还要有九杯茶水。还有很多地方讲究全村人同时祭奠。在旧俗中,在这一天和尚、道士等还要为附近的民众赠送吉祥疏。民众在这一天还要到寺庙和道观中布施,僧侣会回赠果饼。时至今日,五台山上仍然保留着这样的习俗。在谷神节人们自然不会忘记祭祀谷神,在一天的清晨时刻,各取五谷一份,在田间倾洒,求五谷丰收之意。这些都表明了山西各地民众在春天开始播种,向土地神祈祷丰收,秋收后,向土地神表达谢意的美好愿望。

2.3
晋中地区传统村落信仰文化空间分析

2.3.1 晋中传统村落信仰文化空间符号学阐释

信仰和习俗的形成向来不是一朝一夕的事情，在人们生产生活的过程中，这种文化才慢慢地沉积而成，这样的文化一方面在物质生活中满足了人们的功利需求，另一方面也代表着人们精神生活的沉积。民俗和信仰不仅仅是礼节形式上的东西，更是民众的社会观念和感情的集中体现。借助符号学的帮助，我们就可以很好地解读这些符号，在各种各样的符号信仰里发现丰富多彩、有声有色的精神世界。德国哲学家克希尔曾经说："符号化的思想和符号化的行为是人类生活中最富有代表性的特征，并且人类文化的全部发展都依赖于这些条件。"符号已经成为文化传承的重要载体。

在民俗信仰向符号象征发展的过程中，有三个必不可少的要素，那就是表现体、对象和背景性概念。表现体比较好理解，就是承载民俗事物的东西，指的就是民俗信仰符号；表现体承载的内容就是对象；最后对于对象和表现体还要作出一定的解释，对于背景要有详尽的阐释，而且这些阐释还应该是被人们公认的。在民俗信仰不断发展，民俗信仰符号化进程不断推进的过程中，表现体和背景含义在不停地相互作用。这两个基本要素的相互作用，赋予了民俗信仰符号两个非常重要的功能：能指和所指。能指，也被一部分人称作形符，代表的是民俗符号给人们的直观感受，这部分内容一般是非常形象具体的，人们可以通过自己的听觉、视觉、触觉等感官对它们形成印象。到了这里，民俗符号的任务基本上可以说是完成了一半，它已经将民俗物象化的东西悉数表达了出来。另外，所指，也被一部分人称作意符，指的是那些被人们推知、联想，还有那些夹杂了个人意识的理解。人民大众的创造力总是无限的，在特定的时间和地点，民众给了民俗活动无限的内涵和外延，民俗符号正是它们的承载体。只有完全表达了民俗物象和精神两个方面，民俗符号的任务才算是完满的结束。再来看能指和所指的含义，不难发现它们代表的就是民俗的形式和内容两个部分，二者合一构成了丰富多彩的民俗艺术。虽然晋中地区的民俗信仰非常多，内容各不相同，十分庞杂，但是在分析其特征之后仍然能够将其分类，根据性质和形态，可以将它们分作三类：物品用度的指符、时间色彩的指符、行为心意的指符。每一个类别的民俗符号都代表着一方面丰富的象征意义，它们共同形成了完整的民众精神生活体系。

1. 物品用度的指符——平遥古城龟的形状（图2-25）

平遥古城有的时候被人们称作"龟城"，作这样的称呼是取"长生不老，青春永

图2-25 龟城——平遥古城
来源：卢渝，聂元龙. 山西文化资源地图[M]. 太原：山西教育出版社，2010：4.

驻，坚如磐石，金汤永固"之意，平遥古城的城门建设都是极其考究的：南门曰迎薰门，为龟头，面向中都河，城外原有水井两眼，喻为龟之双目；北城门曰拱极门，为龟尾，是全城最低处，城内所有积水均经此流出；东西四座门和瓮城双双相对，上西门曰永定门，下西门曰凤仪门，上东门曰太和门，外城门向南而开，形似龟的三条腿正常向前屈伸，下东门曰亲翰门，其外城门径直向东而开，据说是古人建造城池时怕龟爬走，将其后腿，即下东门拉直并用绳绑好拴在距城8公里的麓台塔上。在平遥城内，围绕着市楼可以看到一组巨大的八卦图，这也会使人不禁联想到龟背上的寿纹。到了这个时候，人们不得不为如此的巧妙构思感叹，它也不愧是中华民族的骄傲。平遥古城印证着中国古代的筑城法则："凡立国都，非于大山之下，必于广川之上，高毋近阜而用水足，下毋近水而沟防省。"（《管子·乘马》）城池平面呈方形，东、西、北墙方直，南墙随河流走势蜿蜒而立。古城方3里，面积2.25平方公里，城垣外砖内土，有瓮城6座，南北各一，东西各二。古城俗称龟城，南门为龟头，北门为龟尾，南门外有水井两眼，喻龟之双目。所谓："龟前戏水，山水朝阳，城之修建，依此为胜。"平遥之美，也是一种蕴含精致文化传统的神奇之美。古城总体构型上，将各式古建筑与四大街、八小巷、七十三条街相连组成一个庞大的八卦图形：一城之内，具四象五方，突出中心，强化中轴，南向为尊，将汉文化的礼序与习俗融入天地、人、居的完美结合之中。龟形的城池和八卦的构型，是汉民族福寿吉祥的具象。

再如龙是信仰文化空间中重要的吉祥物，是民众民俗心理的物化呈现，是承载特定意义的民俗符号。还有其他的物品，如鱼。

2. 时间色彩的指符

神灵诞辰日举行祭祀及节庆、婚俗皆多用红色，有驱逐邪恶的功能。比如在晋中许多庙宇的墙壁都是红色的（图2-26），代表着吉祥喜气。笔者在调研的过程中发现，如果远远地看到一大片红色的墙，基本上可以断定是一处庙宇。

3. 行为心意的指符

行为心意的指符，如点旺火就是山西北部地区的一种风俗习惯。每逢春节和元宵节，家家户户院落门前都要用大块煤炭垒成一个塔状，名曰旺火，以图吉利，祝贺全年兴旺之意。里面放柴，外面贴上大红字条，上写"旺气冲天"等字。等午夜12点，

图2-26　晋中庙宇

鞭炮齐鸣之时，将旺火点燃。点燃后，火苗从无数小孔中喷出，状若浮图，既御寒，又壮观。大人孩子围起一圈，有的做游戏，有的放鞭炮，男女老少都要来烤火，以图"旺气冲天"。随着人类的流动和迁徙，这种习俗也被带到了晋中。这种习俗的形成可追溯到远古的"尚火"观念。人类在蒙昧时期就开始使用火，用火成为人类战胜自然的强大手段，火不仅是熟食和取暖之源，也为人类发展生产创造了条件。原始先民凭借原始思维，认为火也有"灵"，并且是具有特殊意义的神物，进而对火加以崇拜。对火的这一自然崇拜在人类的各种习俗中都留下了印迹，比如在婚嫁习俗中，进婆家门要跳火，新婚第一夜要通宵达旦燃火——点长明灯。人们一方面把火作为清洁明亮的象征，认为它可以驱邪除魔，给人间带来光明和幸福；另一方面，借其字音，寓示生活从此以后红红火火。

　　神明在社会中的存在是具有超验性和彼岸性的，由于神明这种特别的存在方式，人们带着自己的敬意修建土地庙、城隍庙等庙宇，自然地，这些建筑的寓意会超越世俗的物质层面。建造者想要在建筑上体现神明的超验性和彼岸性，事实上，他们也做到了。建筑附加各种各样的符号，顺利地将人们从世俗的物质世界带到了超验的、彼岸的心理意境层次。这样能够营造良好意境的空间在空间存在上非常特别，它们有时候是聚落中的私密场所，有时候是与私密场所共存的另外的功能空间，通常它们总是独立于公共建筑之外，这样一个广阔的空间设置为人们进行超然的思考提供了可能。

　　在符号学的理解和知识体系中，民俗信仰是一种非常独特的文化现象，它是社会、民族、政治、宗教、经济等因素共同影响下的结果，这其中所包含的人民群众的价值观和思想斗争形式是极其丰富的。在漫长的历史长河中，这些符号将这些丰富多彩的人类文明鲜活地展现在人们的眼前，将人类的文明一代代地延续了下去。这丰富的内容吸引着人们不断地研究这些神秘的符号，这是符号学与民俗学相结合的原始动机。以晋中民俗文化现象作为例子的话，透过一个个信仰符号，我们似乎能够感受到民众在其中都表达着同一种意思，那就是趋吉避凶的强烈意愿。

2.3.2 晋中传统村落信仰文化空间意义分析

阿莫斯·拉普波特说：对于环境和文化，人们总是与几种不同层次的意义打交道。"高层次"意义是指有关宇宙论、文化图式、世界观、哲学体系和信仰等方面的。"中层次"意义是指有关身份、地位、财富、权力等，即活动、行为和场面中潜在的而不是效用性的方面。"低层次"意义是指日常的、效用性的意义：识别有意布置的场面之用途的记忆线索和因之而生的社会情境、期望行为等，私密性，可近性，升堂入室等，座位排列，行动和道路指向等，这些能令使用者行为恰当，举止适度，协同动作。❶

村落的意义就在于村落的活力与脉动。古村落是一个完整的整体，综合了社会、文化、经济等多方面错综复杂的关系，是一个自成体系的系统，村落中每一个符号的产生，每一处空间的形成，背后都有着相对应的思想或意义。文化空间的意义就在于有形与无形遗产并存，而村落的民间信仰文化以神灵崇拜为核心，是民众生活的重要精神资源，这些神灵与社会的生态系统密切相关，并存在于社会结构和社会生活的方方面面，具有多种功能。传统庙会上，民众通过对神明的崇拜祈求得到心灵上的满足和精神上的补偿，庙会还有展示和传承民间艺术，丰富民众生活，宣传地方伦理道德，教化民众，凝聚民心的作用。在现代社会，庙会又被地方政府作为一种文化资本进行开发，借此扩大地方声誉，增强地方资源。与此同时，现代庙会还成了发挥民间组织功能，宣传国家政策的空间。总体来说，村落信仰文化空间有以下几方面的意义（图2-27）。

---

❶ 拉普波特. 建成环境的意义 [M]. 黄谷兰，等，译. 北京：中国建筑工业出版社，2003：179.

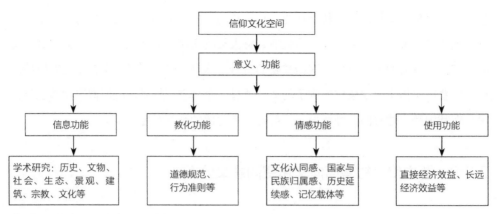

图2-27 信仰文化空间的意义分析

1. 保护环境,丰富景观

古代的人们总是相信万物皆有灵,下意识地,人们开始敬畏自然,不断地寻求自身和自然相融合的方法和途径。在这样的想法之下,在人们的意识中就形成了某种朴素的环保意识,从人们对于自然神的敬畏之中我们能够找到这种朴素环保意识的存在。在这样一个意识的引导下,人们开始崇拜山川河水,礼敬城池坟冢。人们希望自然能够看到自己的虔诚,赐福安居乐业。人们开始保护神山,保护山上的树木等,在重要坟冢的周围也多种树木,以营造良好的环境。这对延缓环境恶化、保护环境都有非常积极的作用。另一方面,这些自然物和庙宇建筑作为信仰文化的载体也起到了丰富村落景观的作用。

2. 整合文化

血缘和姻缘无论在什么时候都是构成社会关系的基础,它们所构成的两种社会组织相连接形成了聚落。传统社会的稳定对这两种社会关系的连接非常依赖。血缘和姻缘的稳定连接又和民俗文化有着千丝万缕的联系,所以,民俗文化对于传统社会文化整合非常重要。民间信仰为文化整合提供了非常好的精神资源,相同生活空间的民众有着相同的生活需求,就会形成相同的信仰。例如忻州地区少雨而多战,所以人们普遍信奉雨神和战神。这种相同的信仰将忻州不同的文化都连接了起来,这种融合的力量超越了家族和阶级,得到了人们的共同认可,很好地起到了文化整合的作用。

对村落居民进行整合，以使他们之间的关系好比一双手上的十个指头，既可相对自由和独立地活动，又能共生共存，互相配合，构成功能齐全的整体。这种整合需要把村落居民从精神上凝聚在一起的力量，而此力量的来源就是村落居民共有的信仰。清代、民国时期的太谷乡民把村落的兴衰归结为有无神灵的护佑，对有关神灵的崇拜无比虔诚、依赖无以复加。因此，乡村皆有社，社皆有庙，以便供奉这些神灵。在只有一社的村落，村庙就是社庙。在不止一社的村落，多数小社都有本社神庙，有的还不止一座。

全球经济一体化的进程中，文化的传播速度之快不可估量，强势的文化不断吞噬着弱势的文化，全球文化趋向扁平化、同一化，文化的多样性不再像以前那么明显，相应地，人类的创造也不再像以前那样丰富。人们在不断思考工业文明和城市化带给人们的到底是什么，人们不断反思人类正在面临的环境危机。保护村落文化的课题就这样被人们提上了桌面，保护村落文化还有很多其他层面的意义，比如它可以为人们的精神创造提供更多的资源，极大地丰富人们的智慧，而且村落的异质性还是人们探索未来的资源。

哈佛大学教授约瑟夫·奈说过，一个国家的综合国力有软、硬两个方面，"硬实力"包括经济、军事、科技等方面，"软实力"指的就是文化和意识形态等。大国崛起不可能仅仅是单一方面的实力增强，根本上的必须是综合国力的全面提升。"软实力"的判别标准就是一国的民族文化、价值观念、发展模式等在国际上的影响力、号召力。哲学和社会科学就属于软实力的范畴，这些东西和国民生产总值、军事力量、科研成果等有着明显的区别，但是它们所能够造成的影响也是非凡的。软实力的影响会更加持久，渗透力更加隐蔽和深入。村落文化的保护无疑就是增强软实力的一个重要部分。

3. 稳定社会秩序

民俗信仰发展到明清的时候就有了教化民众、稳定社会秩序的功能，统治者借助神力维持着自己的统治。比如在忻州地区，几乎所有的神明都是有赏善罚恶的力量的，这样，人们信奉神灵，自然就遵从神明的指示，积极向善。诸如文庙、魁星等都代表着儒家伦理、礼制的意志，在神明的鼓励、威慑双重引导下，往往就能够达到使民众自知自律的效果，再辅以国家机器的帮助，使得一个地区的秩序得以保持稳定。

在现实生活中，价值信仰和宗教信仰从来都是维持社会秩序稳定的重要工具。有追求的人的行动总是有迹可循的，由于这些人有人生终极意义的追求，所以一般不会有什么过激的行为。信仰在人们的意识中描绘了美好的未来，它们虽然遥远，但并不是遥不可及的，通过自己的努力总能实现。这样远大的理想有利于将人们的眼光放得更加长远，这些目光远大的人会更加坚韧，对于现实的种种不如意，他们总是能够忍耐，对于自己可能膨胀的欲望，他们也会更加克制。在宗教信仰中还有对于来世的描述，这使得信徒们更加敬畏未来，进而在现世中更加恪守社会规范。如果是完全没有任何信仰的人，行为的可控性就会非常差，没有敬畏、没有约束，他们只会肆无忌惮地追求个人利益，不顾及社会其他人们的利益。

4. 调节民众精神生活功能

民间的信仰处处都影响着村落，控制着村落的稳定，整合着村落的文化，给村落的人们以精神慰藉。民众信仰神明，这是民众的心理需求，这样的信仰具有非常浓重的功利性。民众在日常的生产生活中，恪守信仰行事，为的就是保证自己的平安、求福避祸，人们还谨慎地避讳着信仰的禁忌。在晋中地区，成年人逢九衣红，宅院的建设遵循风水的规律，并设置豪华的神位。这一切的一切都是民众在寻求心理的安慰，他们在为自己营造一种自己认为安宁的氛围，这样，生活中就少了很多的危机感，在困难的时候也会有诉求的地方，在内心的深处会有一种令人心安的平衡。在另一个角度，庙会等大型的活动也逐步成了人们娱乐的重要载体，这里需要我们注意的是，在庙会这种活动中，还充斥着大量迷信色彩浓重的东西，这些东西的负面影响客观存在，在日常生活中，我们应该有一定的警戒心。现代社会发展离不开这些重要的民间信仰资源，我们应该予以良好的开发。

村落信仰还有一个特殊的功能——结合文化和审美，帮助确定我们是谁。

信仰作为一种文化形态，是社会发展到一定历史阶段的必然产物，我们不能因为今天科学的昌盛而简单地斥其为"封建迷信"。劳动人民创造了历史，也创立了不同历史时期的精神文化，而传统村落的信仰文化，无疑是当时当地精神文化的主流部分。可以说，在农村社会，没有信仰活动，便无法想象人们在不可征服的自然面前会心安理得地生存下来。人们在娱神的过程中，也使自身的精神生活得到充实、满足。有学者在研究中华各民族的早期文化时曾指出，远古时期信仰文化中的祭坛就是文坛（20世纪80年代初，云南学者黄惠焜发表《祭坛就是文坛》❶一文，使过去被当作"封建迷信"打压的传统文化及其传承人得到保护，为现在的文化遗产保护和民族文化大省建设起到重要作用），人们的各种精神生产与创作无不在祭神的前提下进行。

2.3.3 晋中传统村落信仰文化空间特点分析

晋中地处黄河中下游，是典型的北方农耕文化区，其地理环境和社会文化历史孕育出了烙有深厚农耕文明印迹的信仰，其神祇大都和农业祈丰有密切关联，神诞日伴随着农耕生产的自然节律，围绕神祇祭祀而形成的庙会直接渊源于远古时期的春祈秋报，大都在春秋两季。在漫长的历史演变中，乡村民众崇信的神祇十分庞杂，有的是皇帝直接敕封的正祀之神，有的是适应本区域民众生产生活需求而形成的常祀俗神，有的则是各文化亚区为适应特定环境、解决特殊困难而产生的淫祀杂神，各民祀区的信仰民俗既有共同性，也存在着明显的区域差异，呈现出多元化的特点。因此，晋中地区信仰文化的鲜明特征是农耕性、开放性、多元性、地域性等。

1. 农耕性

在人类文明发展史上，山西是最早由采集狩猎进入定居农业的区域，农耕文化颇为发达。农民以土地为命根，土能孕育万物，满足民众基本的生存需求，所以"后土"崇拜在山陕地区颇为盛行，山西最大的后土庙是晋中介休后土庙。丁山先生认为，后土是由初民社会所祭的"地母"神演变而来的，因为土地能生殖五谷，五谷由野生培植为人工作物，这一农业发明是由妇女创造的，女性具备生育能力与大地孕育万物的特点正相吻合，原始人很容易经过类比把二者联系起来，于是形成了地母崇拜。他进一步推断，不论任何民族，其原始的农神，不是神农或后稷，往往是"地母"或"大祖母大地"。❷可见，后土信仰是伴随着农耕文化的出现而形成的。同时，由于山西晋中地区大陆性强，降水的季节分配和平均分配极不平衡，播种季节需雨水

---

❶ 黄惠焜. 祭坛就是文坛——论原始宗教与原始文学的关系 [J]. 思想战线，1981（2）：57.
❷ 丁山. 中国古代宗教与神话考 [M]. 上海：上海书店出版社，2011：32.

而常常久旱不雨，秋季收获之后则是阴雨连绵，旱灾与涝灾成为影响农耕区生产和生活的主要灾害，在这样的自然条件下，龙王崇拜、求雨习俗就非常盛行，进而发展为盛大的赛神活动。

在晋中地区以农业为主体的农耕民族，当人们还不能有效地支配与农业相关的资源如水利、土地、气候的时候，各种自然崇拜的神祇信仰就出现了，对河流的崇拜产生了汾河之神台骀等，对雨水的崇拜产生了龙王等神灵，对土地的崇拜产生了后土信仰，还有对关公、财神、药王等神祇的崇拜，这些晋中地区的村落民俗信仰都是以农业生产为基础的，这些民俗信仰的背后隐藏的是晋中广大民众对自身生存状况的忧戚和关注。

2. 开放性

中国的传统文化对不同的宗教采取宽容的和平共处的态度。在西方，异教徒是有贬义的人群，几乎与敌人画等号。我国历史上没有异教徒的概念。"道，并行而不相悖。"（《礼记·中庸》）从域外传入的佛教、基督教、伊斯兰教，在中国的土地上都可以扎根开花。季羡林说："中华民族是一个对宗教比较宽容的国家，不管是本土的宗教，还是外来的宗教，都一视同仁，无分轩轾。中国不像一些国家那样有十分剧烈的宗教战争。在这样的情况下，印度的佛教传入中国，同本国的宗教或者文化，特别是伦理道德方面，是有撞击的，但是不激烈，不明显，表面上来看，似乎一下子就和平共处了。"❶民间信仰脱胎于原始社会的自然崇拜，此后不断吸收、改造佛道教的不少神灵，逐渐丰富充实，并与世俗生活相互渗透、相互影响。

在古代，信息传播手段低下，文化的传播是以人为载体，通过人的迁移来实现的。晋中民间社火的丰富多彩就离不开晋商的南来北往。晋商来往穿梭于晋中和外地，他们把外地的社火项目带回了晋中。如太谷的社火"绞活龙"，是太谷商人田氏于康熙年间在广东经商，将当地的活龙制作和绞耍技术引进太谷，从此它成了太谷社火中非常受人喜爱的项目并流传至今。耍龙灯也是商人由南方引入，相沿至今。太谷高跷，据当地老者王效端先生考证，是清代从河北省传入太谷的。太谷灯也是吸收借鉴了南方的制作样式而久负盛名。再如太谷在浙江、广东经商的人曾经海中遇难，所

---

❶ 季羡林. 中印文化交流史 [M]. 北京：新华出版社，1991：27.

以在光绪六年（1880年），太谷几十家商号一起集资在县城修建了天后宫，祈祷天后保佑海路安全❶，导致了妈祖信仰的引进。

3. 多元性

中国自古以来就是一个信仰多元化的国家，由夏商周的崇信鬼神到汉代佛教的传入、道教的兴起，形成了一个众多神祇平分秋色的信仰空间❷。乡村家庭多供奉道教神仙，佛教神较少，仅有少数供奉观音，儒教神庙仅供孔子塑像，俗称文庙。道教诸神本来就庞杂而无严密系统，再加上佛教偶像，遂造成了民间的多神崇拜，寺庙林立，祭祀庞杂，名目繁多。一般乡民根本分不清这些神究竟属于哪一教门，也无需分清，不管什么神，有个精神寄托就行了。中国民间自古以来就有以多神主义和偶像崇拜为特征的信仰习俗。千百年来自发传承下来的有神必信、多多益善的信仰文化传统造成了晋中信仰的多元性。

晋中地区的本土宗教发源甚早，除了诸多自然神之外，道教神祇如玉皇大帝、王母娘娘、太上老君、城隍、东岳、关公，很早就开始在民间受到崇祀，儒教神孔子、文昌、魁星等也备受青睐。汉代以来，佛教传入中国，经过漫长的民俗化改造，使民间信仰系统更加完整：天上有玉皇大帝、王母娘娘、如来佛祖；地上有后土、城隍、五岳大帝；人间有关公、二郎；阴间有阎王判官、牛头马面。"三界"观念成为世俗大众普遍的民俗心理，与此同时，日常生活中各项生产、每个行业、衣食住行等方面都有相应的神灵，民间信仰呈现出多元混杂的特征，也体现了晋中民俗信仰的包容性、开放性。这种民间信仰的多元性、开放性，源于乡村民众信仰选择上的功利性，中国民间信仰的一个显著特点是极富功利性，尤其讲究人神互惠。一般来讲，凡是被认为是灵异昭著能佑一方的神祇，民众都会通过修建庙宇、塑造金像、撰写庙记、请求赐封等方式来回报神祇，故这些神祇多在地方志、文集、碑铭中留有记载❸。

清光绪十八年（1892年）《山西通志》卷四十六"沁州县志风俗"曰："士夫居乡朴直，民耻淫盗，少争讼，房地屡世不相弃，敬神信巫，少有不平必质之神，故乡多

---

❶ 殷俊玲. 盛世繁华 [D]. 太原：山西大学，2005：197.
❷ 刘凤云. 明清传统城市中的寺观与祠庙 [J]. 故宫博物院院刊，2005（11）：79.
❸ 张晓虹. 明清时期陕西民间信仰的区域差异 [M]//中国历史地理论丛，2000：187.

庙祀，醮赛纷举。""重修天齐庙宇新建乐楼台碑记"曰："庙宇之设，将以祝风雨、祈寒暑、重祀典、酬神力也。"山西民众对神灵的崇拜，是典型的泛神崇拜。一些庙宇中，常常可见到各路神灵杂居一处❶。在实地调查中，许多乡村庙宇里，不同宗教所崇信的神灵会聚集一起，共享民众的祭祀。他们共同担负着保护一方民众安宁，满足民众愿望的"神圣"职责。如太原尖草坪区大留村玉皇阁主要供奉的是玉皇大帝，同时还有太上老君等道教诸神，亦有观音等佛教神，还有不少民间俗神，如财神、药王、瘟神等（图2-28）。

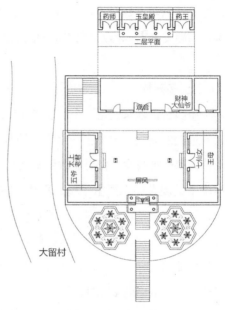

图2-28 各路神灵杂居一处

　　就一个村落整体来说，也是庙宇众多，例如晋中太谷范村镇范村过去有关帝庙、土地庙、姑姑庙、白衣庵、三教庙、龙王庙、财神庙、五道庙、圆智寺等（图2-29）。这些寺观祠庙本是宗教活动的场所，寺也即佛寺，僧人所居，观也称道观，道士所居，而祠庙又是村民对众多神祇崇祀的地方，即鬼神所居，它们各有其自成系统的文化内涵，但是在相互的融合中却形成了共同的建筑风格。

4. 地域性

　　信仰文化总是产生、传承于特定的时空背景中，具有地域性。老子在两千多年前就为人们描绘出了"人法地，地法天，天法道，道法自然"❷的混沌化一的宇宙图像，说明上古时代的民风是"尊天敬地"，在古人眼中，只有遵循了天地间的自然法则，才可天长地久，生活安康。在老子描绘的图像里，我们隐约看到了文化与自然的天然联系。晋中地区，对农业丰产造成威胁的气候条件主要包括旱和涝，所以形成了村落

---

❶ 薛林平，王季卿. 山西传统戏场建筑 [M]. 北京：中国建筑工业出版社，2005：5.
❷ 陈鼓应. 老子注释及评介 [M]. 北京：中华书局，1984：452.

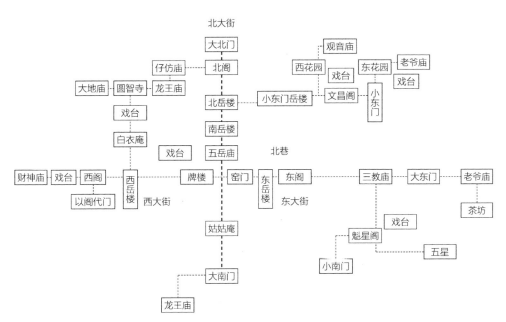

图2-29　晋中太谷范村镇范村历史上庙宇布置图

中祭祀龙王的习俗信仰，龙王庙、禹王庙是晋中地区最普遍的庙宇。还有就是晋商的影响，形成了关公信仰。乡村里各种季节性的活动都与春播秋收的农事活动有密切关系，农业丰产对土地、河流、气候的依赖遂使民众产生了土地神、河神、天神、龙王神一类的民间宗教信仰，这些原始村落的观念文化正是酝酿在农耕文化的土壤之中的，成为农耕文化区乡村百姓特有的生存策略和文化创造。李约瑟教授说："黄土是非常肥沃的未经淋滤的土壤，栽培作物可以多年不施肥。它的保墒能力使它能在雨水很少的条件下获得丰收。因此，可以想见，为什么黄土区是中国古代农业最古老的中心区。"❶

5．功利性

在传统文化的影响下，百姓大都对神灵采取实用主义的态度。为了解脱生活上和生产上的疑难，百姓可以见庙烧香，见神磕头，无求于神灵的时候也就淡忘了，俗话说"临时抱佛脚，病急乱投医"，便是写照。中原地区自古便以农业为本，在长期的

---

❶ 李约瑟. 中国科学技术史（第I卷）[M]. 北京：科学出版社，2003：145.

农耕生产生活中孕育产生的中原民间文化与农业生产、农民生活密切相关，它是一种生活文化，是一种农耕文化，具有很强的实用性，这种实用性的目的彰显出农业社会的特色，是中原农业文明的重要载体和生动写照。民间信仰文化大致有三种功能：一是仪式功能，比如丰收、条把（祭祖、祭诸神）等；二是功利功能，如求雨、祈福、避灾、消难等；三是娱乐功能，如游神、唱戏等。

晋中百姓崇奉灶神的心态可以佐证百姓对神灵的实用主义态度。灶神又叫灶王爷、灶君，能够"察一家善恶，奏一家功过"。百姓在灶神旁贴的对联大意是："上天言好事，下界降吉祥。"❶中国民众普遍崇信各种自然神、人物神以及名目繁多的鬼怪等，而这种崇拜源自于它们与民众生活的密切关联。自然神中，对土地、日、月、山、水、雷、风等的崇拜和祭祀，自不待言；对许多人物神和鬼神的崇拜，同样是基于他们相信这些神灵主管着人世间的种种事和物，能够保佑他们生活平安，体现出民间信仰的世俗性。晋中民众的行业信仰，同样具有这种世俗性特点，如农家因趋利避害而信奉龙王、马王、牛王、河神、八蜡等，因俯仰天地、沿袭传统而信奉日、月、星、风、雷、雨等；商人还信奉火神、财神、金龙四大王，文人信奉文昌；工匠信奉鲁班；医家信奉十大名医；剃头匠信奉罗真人等。由于信仰的功利性，使得在不同时间、不同地点有不同的神灵信奉，如瓜农祭祀瓜神，花农祭祀花神，家庭祭奉灶神、门神等，妇女祭奉送子观音、血山老母、催生娘娘、痘疹娘娘等❷。

同时，由于晋中商品经济的活跃，人口流动的频繁，使得当地民间信仰的世俗性更鲜明，表现出功利性和随意性的特点，并且与商业密切关联。如平遥财神庙中，竟把比干、赵公明、关羽及招宝、纳珍、招财、利市各路财神都供奉于大殿及献殿中，几乎集中了中国民间财神之大全。这种供奉形式在全国恐怕都是少见的。这一祭奉形式的随意性是平遥商业发展的反映。平遥商人足迹遍布全国，财富来自四面八方，因而对财神有着特殊的感情和信仰。他们走遍大江南北，对全国各地的财神祭祀自然十分了解，于是就把各地财神共同供奉，以求在各地都能得到各路财神的护佑。由此，也可看出商业与地方信仰的密切联系。由于商家对财神的极度尊崇，在民国时期摧毁地方神像时，商界竭力保护财神不被损毁。

---

❶ 马书田. 中国民间诸神 [M]. 北京：团结出版社，1997：251.
❷ 殷俊玲. 盛世繁华 [D]. 太原：山西大学，2005：167.

对外来宗教的信仰，也体现出了功利性的特点。如清徐县记载当地人对天主教的信仰时有言：一些人迫于生活无着而入教，俗称"吃米教"；一些人则为了在战乱中保全身家性命而入教，俗称"保命教"；还有人为了娶教内女子为妻而入教，俗称"婆姨教"；也有少数人当长工，为礼拜日能休息而入教，俗称"罢工教"。举凡入教之人的动机，并非全为信仰，实受社会环境驱使者为多。

在徐沟，民国时期摧毁神像时，见到一尊财神里面竟是河神像。原来是明以前当地嵘峪水浇之区，原塑有河神，至清时，水已远流改道，与当地生活无甚关联，而经商者多，故"废物"新用，把原河神改塑为财神。这是一个非常有趣的祭祀实例，它说明乡民之祀神，是以生活为沿革，现实性和功利性很强。

祭奉与乡民生活密切关联的情形，在晋中很是普遍。比如交城流传的"二不愣打忙工"的故事，就是由于人们感激二不愣"打忙工"，尊称他为"二不愣爷爷"，并在开栅西神庙为他塑了头扎毛巾的泥像，以示崇拜。这反映了民众对神的崇拜的功利性：只要与民众生活相关，就会受到崇拜，而不论其职位高低。

这种信仰的功利性，有时竟戏剧性地体现在庙宇中的特别摆设物上，如徐沟城隍庙里就有一个特大的算盘。一般说来，各地的城隍庙几乎都在案头上摆了审案时记录口供用的铁笔和铁砚，而徐沟城隍庙里还有一件审查经济案件的工具——一个特大的铁算盘。这把算盘有一段奇特的来历：清末，徐沟城里有王、张两大家族，王家为财东，张家作掌柜，买卖做得红红火火，后因经济纠纷上告到县衙。面对这两户大家族，县太爷双方都不敢得罪，只好一拖再拖，最后不了了之。但两家的怨气并未消除，于是特制了一把铁算盘挂到城隍庙，意为在阳间难讨公道，最终在阴间也要弄个明白。这把铁算盘为城隍庙涂上了浓重的地方色彩。

还有一些庙宇的对联也充分地体现了当地信仰的功利性，例如在徐沟城隍庙里有一副长长的对联："问尔生平，所作何事？欺人懦，诈人财，坑人命，占夺人田地，奸淫人妻女。罪大恶极，是不是？摸摸心头。想从前，机谋诡计，还能用得着？到我这里，有冤必报。钩尔魂，灭尔产，荡尔家，降罚尔遭殃，灭绝尔子孙。神嚎鬼哭，怕不怕？睁睁眼睛。到此时，腥风恶焰，曾饶过谁来？"[1]字字句句，表达的是对现实生活中种种不平和罪恶的惩戒，也反映了人们希望神灵能消除世间罪恶的心愿。

---

[1] 殷俊玲. 盛世繁华 [D]. 太原：山西大学，2005：168.

2.3.4 晋中传统村落信仰文化空间层级分析

传统农村聚落是一个以血缘、亲缘、宗缘等社会关系网络构成的生活共同体，自宋代开始村落聚族而居之风盛行，到明清不减。按照血缘、宗族关系聚居的方式使得农村聚落出现了以宗祠为核心的节点式公共活动中心，尤其是一些历史较为久远的大的村落，这种结构更为复杂且更具层次感。在聚落中普遍存在一些日常生活交往的中心，正是由于有这些宗族、宗教及日常交往中心，可以很容易地把握农村聚落的布局形态及秩序，增加传统农村聚落的可识别性。通常，一个村落的庙宇再多也有主次之分，这些庙宇的设置一般也具有一定的空间排布特点，形成一种层层护卫的超现实力量的行政管区。按照其服务对象的寡众一般可以分为以下几个层级（图2-30）。

1. 群体聚落级

群体聚落级信仰文化空间是指几个村落共同进行祭祀的场所，时间上，具有较固定的日期，地点一般位于这几个村落的中间，参与者为这几个村落所有的村民（图2-31）。平遥每年农历三月初二的源神祠古庙会就是由梁村、西源祠和东源祠三村轮流组织举行，会址在梁村村南一公里处的源神祠。源神祠庙会的主要内容是请

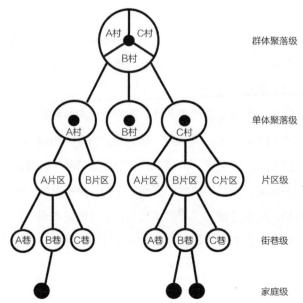

图2-30 信仰文化空间层级结构示意图

第 2 章
晋中传统村落信仰文化空间的类型与分析

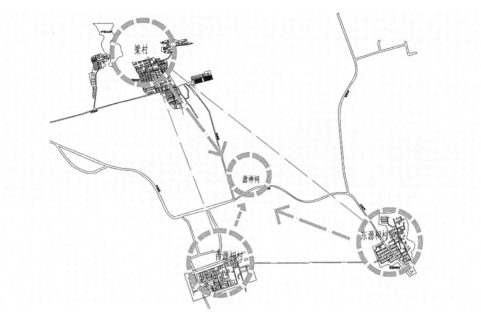

图2-31 梁村、西源祠村、东源祠村三村共祀源神祠

班唱戏、举办社火、敬供源神和交易骡马四项，虽然古泉已经截流了，但还一直延续着传统的源神祠古庙会。源祠会十分红火，每逢庙会之日，村民们拿整猪整羊来供奉源神，源神祠的院墙上插满彩旗，牌楼高搭，请班唱戏，吸引了附近许多村落的居民也来到这里观看热闹。❶

再如榆次西南东阳镇车辋村为榆次望族常家所在地，由刘、陈、林、王四个小自然村寨组成，四寨中心建一大寺，与四寨相距各半华里，形成一个车辐状，故名"车辋"（图2-32）。

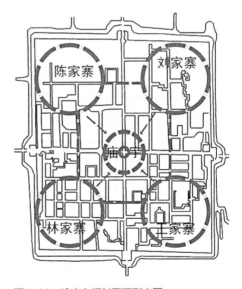

图2-32 榆次车辋村平面形态图
来源：底图参照"丁卓明. 山西古村落聚落文化研究[D]. 武汉：华中科技大学，2006：46"绘制。

---

❶ 郭永伟. 平遥梁村的聚落形态和民居形态分析[D]. 太原：太原理工大学，2008.

图2-33 中心教堂图
来源：拉斯穆森. 城镇与建筑[M]. 韩煜，译. 天津：天津大学出版社，2013：20.

2. 单体聚落级

单体聚落级信仰文化空间是指一个村落的中心级信仰，时间上较固定，一般位于村落的重要位置，比如村口、中心、最高处等，且大都有较开阔的活动场地，便于全村人集体活动。据众多文献记载，古今中外的大小聚落多有以重要建筑为其中心的现象，在我国更有"中心—四方"的空间配置之情形，而且皆多以教堂、庙宇、会所等为主要建筑。例如欧洲社会信仰基督教，"教堂"往往是其聚落的重要核心，在几何空间上甚多建于建成区的圆心点上。教堂华丽庄严，或前有广场，或后有花园，甚至墓园，整个教堂区是民众集会、祈祷、社交的场所，亦是该教区的中心，若在教区即为村庄的地方，则该教堂即为该村庄的中心。图2-33是18世纪丹麦小镇的中心教堂图，其高耸的塔尖不仅昭示了小镇的精神中心，而且是聚落景观的焦点，凸显了村落的场所性。

平遥梁村农历七月初三的古戏台古庙会，庙会中心设在梁村的古戏台前广场处（图2-34），庙会的主要内容是请班唱戏，庙会之日，七里八乡的村民都来这里购买物品，许多村民做起小本生意，热闹非凡，由于村中的寺庙——积福寺、奶奶庙、观音堂和老爷庙等分布于此，许多善男信女在庙会之日上香还愿，感谢菩萨应求之恩，将菩萨请入神棚看戏，为庙会增添无限光彩，这是村民共同创造经营的"生活世界"；易言之，村民"植根"于他们的村落，而村落归属于该村的全体村民，成为他们一致认同的"地方"。村落作为村民共同拥有、经营、塑造的"存在空间"，必具有其运作所不可或缺的"轴心"，此即"村庙"。村庙在空间配置与功能上界定了村落的境

图2-34 梁村的中心级信仰文化空间——神棚戏台及广场
来源：底图参照"卢渝，聂元龙. 山西文化资源地图[M]. 太原：山西教育出版社，2010：44"绘制。

界，它们以"中心—四方"的空间配置来展现村落的"场所性"，并以其内涵来孕育、繁衍村落的"乡土"。晋中地区的村落以地缘性质结合而形成者较为普遍，此种地缘村内部的联系和整合常以乡土神祇为其中介，其祠庙便成为村落文化景观的焦点和最醒目的标志。

3. 片区级

片区级信仰文化空间是指在规模和人数上次于聚落中心级的组团性信仰文化空间，时间较为灵活，服务于邻近村民。例如在平遥段村镇段村就有以支祠为副中心的小的簇团，各支系都拥有一定的空间且有各自的支祠（图2-35），支系内部的议事活动在各支祠进行，张家祠堂（图2-36）仅为张姓子孙服务，段家祠堂（图2-37）仅为段姓子孙服务。中国传统社会长期以来都是一个以血缘关系为纽带的宗族社会，人与人之间的一切关系都以血缘为坐标展开布局，正如费孝通先生早在20世纪40年代所指出的：

"血缘所决定的社会地位不容个人选择。""血缘是稳定的力量。""在稳定的社会中,地缘不过是血缘的投影,不分离的。'生于斯,死于斯'把人和地的因缘固定了。""地域上的靠近可以说是血缘上亲疏的一种反映……在方向上分出尊卑:左尊于右,南尊于北,这是血缘的坐标。"❶这表明中国传统社会一切都以血缘为坐标展示千丝万缕的宗族关系。

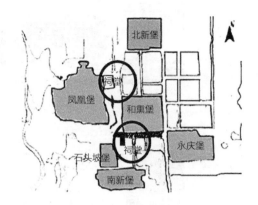

图2-35 平遥段村支祠——片区级信仰文化空间
来源:底图参照"丁卓明.山西古村落聚落文化研究[D].武汉:华中科技大学,2006:31"绘制。

4. 街巷级

街巷级信仰文化空间在时间上更灵活,在空间形式上也更自由,比如街巷口的一块石头或一棵大树,被街巷里的居民所信仰。许多民族都有崇拜石头或大树的信仰习俗,神圣性就在这些被崇拜的石头和大树身上显现出来,于是它们均成为圣石或神树,具有了超自然的神力和神圣性。譬如中国民间宗教中的"石敢当""泰山石敢当",其自然属性固属石块,但由于赋以灵性、神性而具有了压煞镇邪等神力,是中国的十分平常的石之圣显实例。通常,取一自然石或石碑,立于桥道要冲,以宗教仪式而在其上刻书"石敢当"或"泰山石敢

图2-36 平遥段村张家祠堂

图2-37 平遥段村段家祠堂

---

❶ 费孝通.乡土中国[M].上海:上海世纪出版集团,2007:72.

当",此石就被赋予了神圣的除魔驱鬼的法力。当此石已属"石敢当"之后,它就由自然石的实体变成了辟除桥道要冲上的一切妖魔鬼怪、魑魅魍魉的超自然性之圣心。树在山西民间常被认为是神灵附着之地,那些高大茂盛、粗壮古老、形状怪异的树,更是带有某种神秘色彩,被迷信的人所祭拜。在大阳泉村古街,街东有一棵古老的槐树,街西也有一棵古槐,村中同样耸立着一棵龙头古槐,这些枝叶繁茂的古树是历史的见证者,同时也成了大阳泉村的景观之一(图2-38)。

图2-38 大阳泉村街巷级信仰文化空间
来源:CAD图引自"郭妍. 传统村落人居环境营造思想及其当代启示研究[D]. 西安:西安建筑科技大学,2011:22"。

5. 家庭级

家庭级信仰文化空间，顾名思义，是指以家庭成员为参与者，在家庭内部随时进行的信仰活动，属于村落中规模最小，但是却影响最深远的信仰文化空间，一直延伸到现代家庭。中国自古以来缺乏强大的严密的宗教组织形式，因而以家庭为核心的信仰共同体一直是村落中进行宗教活动的基本社会单位。围绕家庭所展开的中国民间信仰活动，因为受制于多重因素，不可避免地呈现出某些明显的特征。由于空间的关系，在家庭级信仰中多利用临时性场所或附属场所举行祭祀仪式，通常，从院门开始有门神，进入院门有土地龛，院中有天地龛，屋内有灶王爷、财神爷等，这是一般家庭最基本的信仰，还有一些讲究的家庭设有祖先牌位（图2-39、图2-40）。这些信仰活动与年节习俗中所标记的时间节点相结合，共同建构了以家庭为核心的信仰体系，并以相对稳定的空间形态表现出来。人们相信通过风水布置，可以引导超自然力量护佑自己生前乃至身后的空间形态，避免遭受伤害，以保证家庭生活空

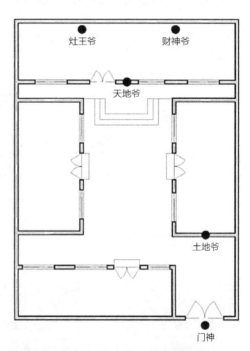

图2-39　家庭级信仰文化空间分布图

图2-40　家庭级信仰文化空间

间的安全❶。

2.3.5 晋中传统村落信仰文化空间流变分析

传统文化是"源",现代化是"流",随着时间的推移而变化就形成了流变。

1. 源起与流变

信仰民俗是深植于民众生活之中的文化,属于"潜文化"或"隐文化"的范畴,溯其源流可以追及太古时代,其历史比任何一种国家宗教或世界宗教都更为悠久❷。人类在早期阶段,对于"死亡"还没有理性的认识,所以,当时是没有祭祀的。到了氏族社会,尤其是原始公社制后期,由于人类思维的进步,"灵魂"的观念出现了,构成了人的双重世界观。人们认为,本部族的成员死后,灵魂会像生前一样来帮助他们战胜困难或降福。刘易斯·芒福德在《城市发展史——起源、演变和前景》中关于人类社会的许多共性的论述中谈道:不同地域的原始人类社会发展的进程几乎是同一个模式。原始人类以游猎的方式群居在洞穴里以避风雨和野兽,待他们找到较好的环境,生存物质获得保证后,便离开洞穴固定在一个傍山依水的环境里,开始狩猎的生活。等到定居狩猎的生活有了保证后,便开始驯化动、植物,使生存物质进一步丰富。仍处在母系社会的氏族,为了祈求神灵的保护,在丰收的季节开展各种祭祀活动。在中国许多新石器时代的聚落里,常见到各种类型的祭祀活动场所和祭坛或台,最为人们关注的是红山文化时代的牛河梁遗址中的"女神庙",它有主室和侧室,陶塑残片中有体形较大的主神,也有小型的众神。有一尊完美的女性头像,头部真人大小,结构合理,五官比例准确,面涂红彩,双眼镶嵌青色玉片,表情生动逼真。由人而推及自然,人们认为自然中的万物也是有灵气的,有一种超自然的力量存在,人在自然面前,应服从自然。由于万物有灵观念形成,自然崇拜开始发生。在中国古代各民族中,人们周围的土地、高山大川、岩石树木、风雨雷电等诸自然物,都成了人们所崇拜的对象。

---

❶ 侯杰,段文艳. 试论中国民间信仰的空间呈现与表达 [J]. 中国宗教,2011(4):27-31.
❷ 金泽. 中国民间信仰 [M]. 杭州:浙江教育出版社,1990:1.

在奴隶社会和封建社会,"国之大事,在祀与戎",祭祀活动覆盖了国家政治活动、民众精神生活的基本内容,人们社会生活中的各种功利性活动都与当时的祭祀有着密切的联系。祭祀是当时的社会生活与意识形态极其重要的方面,它集中地反映着当时人们的世界观和人生观。大规模的贵族祭祀与民间的人体祭祀,是阶级社会以后的事情[1]。

进入阶级社会后,统治阶级在政治上、经济上的支配权的确立,使得他们认为社会上的一切,只有他们的力量才可以支配。在主观意识与愚民政策的支配下,他们认为在神灵的世界同样存在一个支配自己的主宰,那就是天帝。人世间的贫贱、富贵、死生、祸福等都由天帝主宰,而统治阶级中的王,则是天帝的代言人,即所谓的"天之子",来主宰众生。这样的"王"死后,其后代对他顶礼膜拜。因此,不同的政治集团取得统治权后,都会编造出一个始祖神的故事来,如商王朝的"简狄吞燕卵",周王朝的"姜嫄履巨神之迹"。这些神话,在初期,尚是人们认识自然的初级阶段的产物,它反映了人们对某些事物的追求与向往。但到后来,由于统治阶级有意识地加以系统化,神话变成了历史,其中的主要人物被奉为始祖,神话变成了人话,俨乎历史上确有其事。在商周两代,对天帝与祖先的祭祀开始系统化,贵族阶级建立了一套完整的祀典与祭礼。《国语·鲁语上》:"夫圣王之制祀也,法施于民则祀之,以死勤事则祀之,以劳定国则祀之,能御大灾则祀之,能扞大患则祀之。非是族也,不在祀典。……凡禘、郊、祖、宗、报,此五者国之典祀也。加之以社稷山川之神,皆有功烈于民者也;及前哲令德之人,所以为明质也;及天之三辰,民所以瞻仰也;及地之五行,所以生殖也;及九州名山川泽,所以出财用也。非是不在祀典。"不仅如此,贵族阶级就祀典的具体运行采取的各种祭祀礼仪,都有具体规定。《周礼·春官宗伯·大宗伯》:"大宗伯之职,掌建邦之天神、人鬼、地示之礼,以佐王建保邦国。以吉礼事邦国之鬼神示:以禋祀祀昊天上帝,以实柴祀日月星辰,以槱燎祀司中、司命、风师、雨师,以血祭祭社稷、五祀、五岳,以貍沈祭山、林、川、泽,以疈辜祭四方百物,以肆献祼享先王,以馈食享先王,以祠春享先王,以禴夏享先王,以尝秋享先王,以烝冬享先王。"以上内容,构成了商周时代庞大而复杂的祭祀系统,贵族阶级凭借它,对上沟通神意,对下奴役万民,其本质目的就是保证贵族阶级对土地与

---

[1] 中国上古祭祀文化 [M]. 傅亚庶. 长春: 东北师范大学出版社, 1999: 1-4.

民众的永久占有。贵族阶级在土地初封之后，为了确保对土地的长期占有权，在上层建筑领域制定了一系列的政策与法规，其中与之密切相关的，便是通过一系列的祭祀活动来实现，这从商代诸王的庙号中可见一斑。在周代，其宗庙祭祀中的昭穆制，便是这种功利性活动的具体体现。天子可祭天帝与祖先，诸侯祭名山大川。祭祀中有大宗与小宗之分，不同层次的主持祭祀的权力，说明了对土地占有程度的不同。因此，祀典与祭礼的确立，使贵族的特权在当时的社会观念中合法化了，使民众在残酷的剥削与压迫下，内心有所平衡。民间的宗教信仰与某些神话的流传，在这方面的确发挥了它们的作用。

1912年之后，近代文化在中国的传播经历了一个辉煌的时期，这也是民间信仰生存最困难的时期之一。民国年初，国民政府对于教育活动非常重视，他们非常积极地引进近代的先进技术，学校的兴办一时间非常火热。甚至在神庙之中建校舍。"新文化运动"更是非常强力地打击了民间信仰，将民间信仰批判为"迷信"。这时，山西省的响应也很积极，有类似"训令各县奉省府令转发拆毁神像办法"的政策出台。❶但是民国时期政府对于迷信活动的态度也是不一致的，批判活动进行得并不是非常彻底。有一些比较正统的神灵祭祀活动并没有完全破除掉。在这里，哪些神明保留，哪些神明破除，中间的标准非常混乱，大量的自相矛盾存在其中。例子有很多，比如保留了土地神，但是城隍神却必须破除掉；保留风雨雷神，但是却破除了龙王神❷。由此可见，国民党并没有对民间信仰完全地排斥，分析其根本原因，就是民间信仰活动存在的社会基础并没有消失，自然地，这个活动在山西没有取得很好的效果。

在1937年，日军的侵略给太谷县的人民带来了极大的灾难，众多庙宇在战争中都荒废了。往日里十分威严的各种神灵在这个时候变得破败不堪，影响也没有往日那般广泛了。非常虔诚的民众在这个时候也没有多余的精力去上香拜佛了。当时，共产党的政策是完全否定民间信仰的，无数次的群众活动将各种各样的神明——推倒。在后续的经济建设、水利工程建设、生产现代化建设等活动中，现代的科学、教育、医疗等都得到了普及，这些都一步步地逼迫神明退出历史舞台。

中华人民共和国成立之后，中国领导人坚持马克思主义的指导，在全国范围内也

---

❶ 山西省民政厅. 山西民政会刊 [D] //李文慧. 民间信仰与村落关系. 太原：山西大学，2006：43.
❷ 山西省史志研究院. 山西通志·民族宗教志 [M]. 北京：中华书局，1999：257-258.

确立了公有制，民间的信仰在这个时候已经基本上不存在于人们的生活中了，即便有也是非常隐性的。"文化大革命"中的"破四旧"给了各种神明以毁灭性的打击。这时候的人民大众也逐渐认同了"旧习俗是迷信"的说法。但是还是有不少人对于神庙的被毁心存惋惜，他们也希望能够重建一部分神庙。

改革开放政策的提出象征着市场经济时代的开始，社会在这个时候给了宗教发展足够的宽容，民间的信仰也有了表达自己的机会，但是也产生了非常多的问题，很多的政治利益团体和经济利益团体介入到信仰的发展中来，宗教和政治的关联一时间变得非常复杂。在这个新的历史发展时期，村落的民间信仰问题更是复杂多变。另外，中国民间的文化总是和官方所提倡的文化、精英文化有着千丝万缕的联系。在现代的农村中充斥着各种各样的文化形式，传统的信仰和现代的社会心理相互斗争着，历史上的遗留问题和新农村的建设也冲突着，这样的一个多元化的格局是极其复杂的，这无疑是新农村建设中的一个重要课题。

2．流变因素

晋中地区的村落信仰也是重要的非物质文化遗产，和其他的非物质文化遗产一样，它也经历了兴盛、衰落的跌宕过程。信仰习俗的形成向来不是一蹴而就的事情，它需要几代人的共同认可，形成的时间大致是三代人七十多年的样子，信仰习俗承袭的时间会变得更久。在这一点上，信仰民俗的传统性表现得淋漓尽致。信仰习俗生于人类社会，伴随着人类社会的变化而变化，人民会在发展中不断选择符合自己需求的信仰习俗。因而信仰习俗从来都不是固定不变的，它不断地经历着各种各样的变化。信仰习俗的发展规律就是跟随创造它的人群不断地孕育、生成、进化、演变。众多的因素都能够影响到信仰习俗的变化，自然因素、经济因素、文化因素、心理因素以及政治因素等都是其影响因素，这里的政治、经济因素又是影响最明显的两点。

从历史发展的经验来看，任何作用因素的作用形式都分为常态和非常态两种。常态的作用形式大多发生在和平年代，社会生活大体稳定，信仰习俗的发展处于一种自由状态，旧信仰习俗的消亡和新信仰习俗的产生都比较平和，在变化的过程中我们能够非常轻松地找到信仰习俗发展的客观规律。另一种非常态作用就发生在动荡的年代，这个时候的政治、经济通常都处在激烈的转型阶段，信仰习俗的发展在这个时候就失去了本身自由发展的演变规律，它们处在一种极端的被动局面中，它们被人为地扭曲，进而发生突变。在中国的历史中，这样的情况大致上有两次："文化大革命"和改革开放。"文化大革命"是在政治局面剧烈动荡的时候，它对信仰习俗的作用主要体现在巨大的破坏上；改革开放体现的更多是经济建设的新局面，它对信仰习俗的作用既有正面的也有负面的，情况非常复杂。社会变革摧毁了信仰习俗文化，其实就是摧毁了信仰习俗文化生长的社会根基。中国的历史极其悠久，在五千年的文明之中，农耕文明占据了其绝大部分岁月，信仰习俗文化长期在这样一个环境下成长和演变，完美地传承了民众朴实的情感。1949年后中国进入了一种新的文明之中，尤其是在20世纪后期实行改革开放后，中国社会的文明进程就更加快速了。这些在中国大地上发生的事情都使得农耕文明逐渐退出历史的舞台，城市化也慢慢改变了村落，改变了人和人之间的联系方式，以往那种根植于村落的历史、文化都迅速地瓦解、消散、泯灭，这是一种终结性的冲击。

伴随着这种变革而来的是社会生活中各个角落的变化，国民的物质生活和精神文化发生着根本性的巨变。以往那些人们很重视的传统年画在高楼大厦中已经非常少见了；"文化大革命"改造了人们的思想意识，也割断了人们对历史的感情、对传统的感情、对土地的感情；市场机制的介入极大地改变了人们的价值取向，使得人们更加容易接受外来文化，人们的生活习惯、文化类型、审美观念都慢慢地和传统背道而驰。传统的生活范式不复存在，信仰文化的形式就发生了改变；人们的精神寄托发生了变化，信仰文化也就开始面临新文化元素的冲击；文化传播的手段和方式日新月异，民俗信仰也不再承担那份大众传媒的任务。民俗信仰只是代表着中国的"昨天和今天"，区别了"中国和外国"，除此之外不再有新的发展，中国民间信仰文化迅速走向濒临绝迹的状况。

导致民间信仰文化遗产迅速消解的主要原因有以下几个方面：

第一，民间信仰文化的生存根基是农业文明。时间的脚步迈入了近现代以后，工业文明、城镇化慢慢吞噬着以往的农业文明，农耕文明体系之下的各种思想文化形态也跟着开始慢慢瓦解。

第二，全球化的力量是巨大的，人们所有的活动似乎都和商业有着紧密的联系，流行文化的风靡给世界各个民族的文化都带来了灾难，中华文化也难逃厄运，这其中最脆弱的就是民间信仰文化。

第三，民间的文化遗产承载的是伟大的民族情感，是世世代代人民生活的结晶，对于普通百姓来说，这些都是非常重要的财富，但是它们并没有正式地被历史认可过。这样一个现状使得人们长时间都没有认识到这份财富的重要性，自然也没有对这样的一份财富进行过什么像样的保护。到了现代这种工业化和信息化的时代，它们更是面临着灭顶之灾。

第四，民间的文化在漫长的历史长河中从来都没有能够和精英文化产生什么重大的联系，这多是因为偏见的存在。中国的正史上并无记录。民间艺术文化的传承凭靠的是口传心授。这是一种没有保证的传承方式，稍有意外就有可能造成灭绝。这种长期以来的自生自灭的生长方式非常不适应现代社会。

3. 流变趋势

信仰习俗是这样形成的：个体为满足自身生活的需要而无意识地形成了自己的一套行为方式或活动模式，经过"愉快或痛苦的经验反应"后成为个人的习惯；再后来，当多数人在个人的行为方式或活动模式下，对"愉快或痛苦的经验"做出反应后，加以甄别，就成了集体的风俗；再在集体的智慧下，成了集体的仪式。就这样，一层一层不断地发展，最终成为民俗。民俗信仰一旦形成，就会在一定时间和空间中作为一种文化和生活方式稳定下来。例如榆次北六堡的抬冰山活动，加入了庙会物资交流，从"抬冰山"中可以清晰地看出人们有保持古老传统的信念和行为。这是一种传承，而在传承中也存在着变异，民俗会随着时代的变化而变化，不断适应新的生活，满足新的需要，这就是一种演变。

历史上，一切文化发展过程都是生态平衡过程。信仰习俗既有传承性，又有变易性。在传承的过程中，它也随着时代、社会的变迁而变化发展。汉代的刘向在《说苑》中说，"世异则事变，事变则时移，时移则俗异"，讲的就是这个道理。事实也是如此。在近现代史中，随着传统农业社会的转型，我国各地的各种风俗或急或缓、或大或小都有移易。通常，在农闲的时候，乡民们所从事的重要的精神活动无非就是两种：信仰和艺术。在以前的那种非常传统的村落中，或者是现代社会里地域非常偏远的村落，信仰活动的影响力要远在艺术活动之上，有的时候艺术甚至只是信仰活动的一个陪衬，人们从事艺术活动纯粹是为了娱乐。在人类的社会意识不断前进的过程中，信仰和艺术之间的界限就越来越模糊。在很多信仰群体之中，原本娱神的活动在最终的效果上总是落到娱人之上，人们追求的根本就是娱人，又或者是人们在不自觉地用娱神的活动达到娱人的目的。在这些活动中，掺杂着大量的个人意志、个人追求和对自我实现的渴望。在外界看来，信仰活动借助艺术的力量不断地深化它的影响，信仰群体不断扩大，人们的意念不断地坚定，最终符号化成为信仰群体的符号象征。各种各样的、年复一年的信仰仪式活动从不间断，在艺术的帮助下不断深化影响，向四周社会传播。对于民间信仰的地位，国内已有学者将它与社会主义精神文明界定为非主流文化与主流文化的关系❶。

信仰形成的背后存在着孕育它的社会的、经济的、精神的要素和传承它的民众的心意。如果考虑到这些要素的变化会改变信仰，那么伴随着生活的改变就会促生新的信仰，形成新的信仰文化。20世纪80年代以来，山西农村变化迅速，其中颇为引人注目的现象是宗教文化的消长，中国传统的道教、佛教的衰败是显而易见的，而基督教与天主教的影响力日渐增大，这是民间信仰遭遇的首次冲击。自19世纪70年代末，基督教公理会扎根太谷，此后通过兴办学校、开展慈善救济活动，争取到了相当人数的信徒，民间信仰的信仰群体开始出现分裂。耶稣的信众平时不祭祀祖先及众神，各村举办迎神赛会、社火、求雨等活动时也不参与、不摊钱。在普通民众眼中，他们无异于"异类"。义和团运动中，基督教徒遭受沉重打击，虽然运动过后获得重生，但是耶稣从未取得绝对优势的信众，晋中基层仍然是"大教"的天下，民间信仰并未受到多大打击❷。

面对当下各地出现的"民俗热"的情况，我们不禁会有两点感叹：我们的社会文明变得越来越开放，民众的思想也越来越解放；各地民俗的传承也变得越来越困难，这使得我们的忧虑变得越来越多。社会文明的进步是不可阻挡的，伴随着农业文明而形成的各种民俗出现衰弱的趋势也是可以理解的，甚至它的消亡也是能够预见的。民俗文化随着社会的发展而发展，这是不可改变的历史发展规律。民俗文化的演变总是呈现出一种"层垒式"的样式，变异和更新总是交替进行，我们所研究和讨论的民俗现象总是局限在一定的时空中的，所有的民俗都不是永世不变的，但它又是不会湮灭的，它只会不断地变化发展，不会"断流"。特定空间和时间下的社会现象随着这种特定空间和时间的变化，或消亡，或兴盛。在这一规律下，我们观察研究历史现象

---

❶ 张鸿石. 论传统民间信仰与社会主义精神文明建设 [J]. 学术交流，2003（3）：30.
❷ 参考：李文慧. 民间信仰与村落关系 [D]. 太原：山西大学，2006：41.

时，大可不必夹杂太多的感情色彩来影响我们对于过去曾存在的事物的价值判断。逝去的就让它逝去，不要造个假的，来证明其复活；存在的，有条件就把它原汁原味地保护好，不要改造加工。现实社会把历史商业化，美其名曰"文化产业"。表面上恢复古代的生活方式，包括国学热、仿古餐厅等，虽起到一点普及历史文化的作用，但其副作用却使得历史学最重要的本质——"考据求真"淹没于庸俗化之中，历史研究沦为商业发展需求的外壳包装。

传统村落信仰文化的发展和变迁与社会、经济的发展密切相关，一方面受到主流文化的影响，一方面形成了一套相对独立的价值体系、思想观念、风俗习惯及行为规范。当今的村落信仰文化，正处于从传统向现代过渡的阶段，新旧文化因素冲突、融合。

第 3 章 晋中传统村落中的信仰文化空间布局研究

3.1 晋中传统村落概述

3.1.1 晋中传统村落的人文地理环境

山西省位于中国的内陆地区，其季风气候具有明显的大陆性特征，冬冷夏热、降水较少且全年分布不均，其年均温在4~14摄氏度之间变化，并且由南向北逐步降低。另外，山西省大部分地区的年降水量大约在400至600毫米之间，且由东南至西北递减，这与全国年降水量的分布情况相一致，气候呈明显的大陆性特征，降水也集中分布在夏季。

梁启超在《地理与文明之关系》一文中写道："热带之人得衣食甚易，而不思进取；寒带之人得衣食太难，而不能进取。"可以说，只有在体验了鲜明气候变化的温带地区，居民的意志才能够获得更多历练，并且创造多样丰富文化的可能性更大。另外，陈序经先生也曾表述过类似观点："只有在不寒不热的温带，同时又有所谓春夏秋冬的四季变化，与因了这些变化而给予人类以身心上刺激的地方，使人类能够不断加以努力、加以振作、加以求进，使文化能够得以高度的发展。"[1]所以，山西地区得以成为华夏文明的一个重要起源地，不能不说是得益于有利的自然地理环境。早在人类文明的发展初期，原始居民通常都是基于自身的相关生理需求来选取资源丰富、气候适宜的地区作为居住地，而晋南地区恰好就具备相关的条件，进而发展成了"中华民族的摇篮"地带。回顾中华文明的发展历史，早期的文化中心首起于黄河流域的汾河、洛河以及渭河的下游，山西太行山东南部山麓地带，这些地区最早也是我国仰韶文化和龙山文化的发祥地，因而属于我国文化的一个重要源头。

山西是华夏文明的发祥地之一，根据相关的考古研究和证据，山西省境内早在史前时代即存在人类活动的痕迹，发展至周代，已基本形成了一些具有一定规模的乡村形态。到两汉时代，乡村中普遍成立了乡吏机构，如啬夫负责乡村的讼事和收税，游

---

[1] 陈序经. 文化学概观[M]. 长沙：岳麓书社，2010：193.

徽掌治安等，还由乡村中选出年高德劭、经验丰富的三老来掌管地方教化。而发展至隋代，乡村的基层管理主要实行的是五保成一闾，四闾为一族的模式，并形成了相对规范的乡村组织等。到唐代，乡村又经历了一次重组并基本形成了百户一里、五里一乡的整体格局等。

整体来看，山西境内四面围山，中间多有盆地分布，共同构成了一个较为封闭的系统，其中山西中部地区的汾河、沁河、桑乾河、滹沱河以及漳河等河流又构成了通向北部边疆地区的天然干道。上述相关特征使得山西地区文化呈现出明显的地域风貌，并且也反映出山西文化实质上属于一个具有开放性的体系。另外，山西的地形及区位特征使得其文化具有突出特点，并呈现出一定的封闭特征，有利于保存区域内的历史建筑等。现阶段，山西境内自然生成的村落数量庞大，且多呈聚落型分布状。

一般认为，村落的实际发展状况还会在很大程度上受到地区内经济社会发展情况的影响。根据相关历史材料可知，山西省境内至今已发现了超过两百处的旧石器时代文化遗址，并且在其晚期还出现了土穴与石砌等居住形式，而发展至新石器时代，山西地区的穴居建筑已有较多人工改造的痕迹并成为主要居住形式。另外，在宋元时代，山西地区的村落居住建筑以窑洞为主，也包括少数木质建筑，只是大部分民居建筑在战乱年代被毁。其中大同曾在辽金时代成为陪都并持续了两百多年，整个华北地区的山西、河北及山东等省成为元朝腹地，而相关的城市也晋升为黄河流域范围内的著名都市。至明清时期，山西境内的民居建筑随着经济的繁荣发展而获得极大程度的提升，甚至形成了独特的地域特色和风格。不可否认的是，建筑特色的成型及其变化一般都会受到地域的自然和人文环境的影响，并在很大程度上反映地域的风俗习惯、生活环境以及经济和社会条件等。例如在明初，不同于战乱和自然灾害频发的中原地区，山西地区在优越的自然条件和经济社会环境中快速发展，与此同时也为相关地区带来了大量的移民，这就促使在一段时间内山西省内人口非常稠密，而民居建筑也在这一相关背景下获得了较快发展，相关的交流和商业贸易也迅速繁荣了起来。

由于晋中的地理环境、经济发展状况、社会结构等因素的特殊性和晋文化发展的自身规律，使得晋中地区至今仍较完整地保留着明清时期的乡村原貌格局以及历史、文化风俗信息。晋中古村落是历史上山西人生产生活的中心之一，是晋文化的主要载体,综合体现了造就晋文化的自然因素和人文因素。晋中盆地的传统村落中,聚族而居的传统自古浓厚,各村落不仅组团紧凑,而且许多村落还用大堤(一方面是为了防洪)围了起来(在平遥西部为多)。这里的村落意象是:进村口常设大树作为标志,村内分布着各式庙宇(土地庙、龙王庙、关帝庙、观音庙等)。

3.1.2 晋中传统村落的物态环境

一般说来,物态环境主要强调的是某一地域内包括了山水自然以及人口、建筑、环境在内的物质性环境。而具体到晋中地区古村落的物态环境的独特性,反映在下述相关方面。

1. 村落选址布局

中国民间的风水术通常也被称为堪舆学,其实是人们在不断观察自然环境并同时进行实际的体验活动的过程中逐步形成的一种涉及建筑选址和整体规划等的学问。根据《说文解字》的相关记载,堪和舆实际上即是对天和地的总称。其他的文献如《风水辩》中也有记载:"所谓风者,取其山势之藏纳……不冲冒四面之风;所谓水者,取其地势之高燥,无使水近夫亲肤而已,若水势屈曲而又环向之,又其第二义也。"其中虽掺杂了许多玄学的成分,但它的实质也能够在宽泛意义上解释成建筑环境学,其中的"风"主要指阳光和空气,而"水"则主要是指河流与山脉等。也就是说,风水术主要就是在选择居住地址的过程中综合考量多方面的自然和人文地理环境情况,进而就其展开相关评价并作出相应选择,同时还对一系列设计和规划的方案及策略等予以相应落实,最终营造一个良好的居住环境。以通俗的眼光来看,"风水"也就是关注人们与自然和谐共处的相关措施,从而营造一个包括城市、乡村在内的整体性的协调发展的局面,这也是中国古代所遵循的一种环境利用观念。

一般认为,在利用和保护环境方面,风水观念曾在中国古代发挥过极其重要的作用,无论是在城市规划和建设,还是村落的布局和营建以及居住房屋的选址等具体方面,都有着不可忽视的影响。例如在居住空间的选址过程中,中国传统的基于农耕经济的村落选址往往就会将居住地附近的空间充分利用起来,其中的河流山川一方面能够为人们提供相关的资源,另一方面又能够营造一个良好的居住环境。根据风水术的

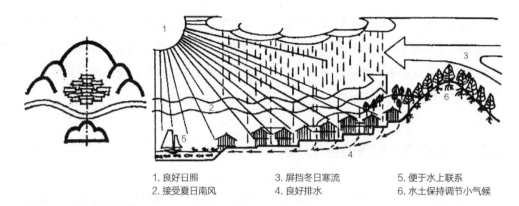

1. 良好日照　　　　3. 屏挡冬日寒流　　　5. 便于水上联系
2. 接受夏日南风　　4. 良好排水　　　　　6. 水土保持调节小气候

图3-1　最佳村落选址图
来源：刘沛林. 古村落：和谐的人聚空间[M]. 上海：上海三联书店，1997：95.

相关观念，一个以背山面水构成其主要特征的村镇基址通常都具备较好的风水条件（图3-1）。具体来说，也就是指村镇的背面即为绵延山脉的主峰，并且还具有可产生"气"的"龙脉"，而村镇基址所对应的位置即为面向"龙脉"的空旷地面，称为"明堂"。村镇基址的正前方通常也应以山为屏，近远分别称为案山和朝山；而村镇基址的入口处在风水术上一般称为水口，由于这是村镇与外界进行沟通的关口，其两旁一般都需要有呈对峙状态分布的山峦，作为村镇守卫的象征。另外，水口的口径通常以小为佳，并有"水口不通舟"的俗语。具备上述相关特性的村镇空间，从风水术的角度看，有利于自身的藏风纳气。

在村落选址方面落实情况相对完善的基础上，传统聚落将在社会和文化等方面更显著的影响下逐渐形成其整体格局。山西省位于我国北方，在历史上也普遍重视民间的风水观念。一方面，不同于条件多样化且优越的江南，山西境内多平原分布并且地貌特征相对单一，植被相对较少并分布为黄土层的地区往往以坎、沟和塬等地貌相间分布进而形成其整体形态；但另一方面，晋中地区很多村镇在选址的过程中依然尽量向风水优良的枕山、环水、面屏模式发展。如榆次后沟古村落在选址上就是一个很好的典范（图3-2），根据风水术的相关观点，其主要的评价依据就是山水，并且有"得水为上，避风次之"的说法。后沟古村落的背面即为太行山脉的分支要罗山脉，其主峰就位于后沟古村落的东北方向，并拥有1342米的海拔，另外，这一山脉主要呈东北—西南走向绵延发展。后沟古村落的基址构成了一个"四灵宝地"，其北边的要罗山脉、南边的军坪、东边和西边的黄土梁等形成了玄武、朱雀、青龙、白虎，各成

图3-2 后沟古村落全景

其势,另有古村民将东西两边的黄土梁分别称为黑龙和黄龙,形成"二龙戏珠"的整体效果,还具有吉祥如意、福源广进的意旨。后沟古村落的居民在很早以前即把村落东西两边的山梁分别定义为村落的禁山及圣山,充分反映了当地居民对于风水观念的重视及在相关活动上的用心。其实,后沟古村落不仅在村落选址上对风水具有一定要求,其很多公共性建筑也明显体现了风水方面的理念。具体如村落中的观音堂即有寄寓祈福等功能,文昌阁和魁星楼等建筑则含有促进村落文运繁荣的愿望,风水观念还在很大程度上影响着村落居民的日常生活等。

就整体格局而言,后沟古村落也较好地实现了村落与周围环境的协调布局,其中村落的建筑格局与当地的山势地貌等相互配合,使得人工建筑又如天然生成,并且在风水观念的影响下构建布局得相当完善。具体来说,观音堂和关帝庙共同构成了后沟古村落入口的地标性建筑,并且村口处还设有跨越龙门河的青石古桥,这一石桥便构成了村落的水口以及村落连通外界的门槛。进入村落,则可发现其整体的布局严密而规范,各类建筑依次铺展开来:村落广场一旁的玉皇殿以及古戏台等相关建筑,村落中保存的具有特定意义的老槐树等为村落空间的表达增添了开放性意义,村落中依形分布的街巷、错综分布的小道一直延伸到各小范围的居民聚居区。另外,后沟古村中

图3-3 以"山为骨架,水为血脉"的村落环境构成(榆次后沟总图)
来源:底图参考"于鹏.后沟古村聚落解析[D].哈尔滨:哈尔滨工业大学,2005:21"。

心广场周边有超过两人合抱的大椿树,这一自然景观同时也是周围地区的最高点和村落里极具魅力的视觉景观。就村落内部的各类景观而言,后沟古村的相关视觉景观呈现出明显的层次性,并且主要是通过村落里的街巷、小道、中心点等相关的地标性实体建筑来划分的(图3-3)。考虑到该村落地势方面的较大落差,在营建村落居民住宅建筑的过程中也依循着实用和便利的原则,进而形成了"屋随山起,路随屋走"的整体交通格局,具有显著的三维性特点。

2. 街巷空间布局

整体来看,晋中地区古村落内的民居建筑群大部分是由各种走向的街巷分割和连接的,其中由于狭窄街巷的宽度一般仅达建筑物高度的1/5左右(图3-4),从而形成了深幽长远的各种巷道,宁静安逸的氛围极其浓厚。即使在炎炎夏日,也可在各街巷中享受阴凉和惬意,一部分街巷还铺就了不同形状的青石板,在雨后时分,别有一番风味。分布于各街巷两旁的建筑,大多各具特色的门楼和山墙,其中的墙面往往以不同形态曲折呈现并多有漏窗和石雕等。另外,街巷各处还散布着一些石条凳和古水井等,使得游走于街巷中的人们体验着移步换景、变化多样的感受,还有一些街巷深

图3-4 古村巷道和建筑物的比例　　　　图3-5 石墙和石材路面的呼应
来源：薛林平教授提供。

且窄，曲折而多变，如入迷宫。

小河村的街巷形态"因天材，就地利"，山水的形势走向以及由此衍生的建筑群落，都是街巷形成和发展的条件。小河村地形起伏多变，院落格局错综复杂，街巷因地制宜，随形生变，状若盘蛇。小河村的传统街巷体系体现出了村落布局、发展与自然地形相结合的特点。街巷随着地形和建筑环境的变化呈现出曲折多变的特点。小河村附近的山上盛产石材，建筑临街面常由石材砌筑，而路面也主要是由石材铺砌而成（图3-5）。其中有两条主要街道，一条沿着泊水，另一条位于台上，沿建筑群的外轮廓平行于等高线。两条主道之间有众多小巷相联系（图3-6）。这些小巷顺着山势的变化或者院落的组合蜿蜒曲折铺展开来（图3-7）。因为两侧的主道之间有高差，小巷多设石阶，增加了形态的变化，空间也因此变得更加丰富。在这些石巷中，可以领会到"步移景异"的意境，巷道的走向与院落的组合以及山峦的走势相结合，形成了小河村特有的街巷空间。

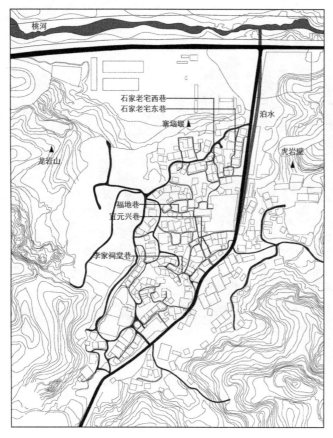

图3-6 小河村街巷空间布局
来源：薛林平教授提供。

图3-7 蜿蜒曲折的小巷
来源：薛林平教授提供。

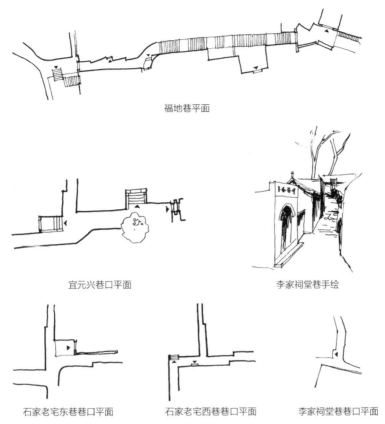

图3-8 小河村巷道形态
来源：薛林平教授提供。

小河村比较完整地保存了传统的街巷肌理、街巷的走势、尺度以及比例等平面因素，是结合了地形条件和院落布局，根据人的具体需求而逐渐形成和发展的（图3-8）。

3. 村头水口布局

传统的风水理论非常重视水口的选择与经营。《山龙语类》中说："水口者，水既过堂，与龙虎案山内外诸水相会合流而出之处也。"水口就是河流经过村落的总出口处。水作为一种较为神圣的事物贯穿于我国的农耕时代，并且深层次地影响着人们的日常生活，而风水观念中的水更具深刻的象征性意义，主要指财富、吉祥和如意等。在水获得了财富方面的象征意义后，关于水的独特性的一些处理方式也随之出现。根

(a) 晋中榆次西窑村入口　　　　　　　(b) 晋中平遥段村镇段村和熏堡入口

图3-9　晋中村落入口

据风水术的相关理念，水口处以"关锁"为最佳，如此方能较好地"聚止内气"、集聚财富。所以，民间很多寺庙、楼阁等建于水口的位置，以表现"关锁"之态。另外，水口还与村口有着十分密切的关联，或并列而设，或直接融为一体，这一相关处理方式促使水口一方面承担着村落的排水功能，另一方面又充当了村落的一个重要标志❶。庙宇，按照堪舆风水的理论，要造在村外"水口"处（朱熹《雪心赋》），给它们的任务是关锁水口，不让"内气"散出。

　　晋中的村落无论大小，四周不一定都有围墙，但是在大道入村处，必须建一座纪念性建筑物，这主要源于村口为龙脉所在，宜建庙护之的观念。同时，也是对村落入口可识别性的追求，提醒人们，又到一处村镇了（图3-9）。特别是晋中的传统村落更是重视村头组景，在进村前常常利用不同的山势、水系，相应地设置牌坊、庙宇、亭台楼阁等各色建筑，在此基础上又配有村落周边的树林等，进而构成了非常优美的园林，甚至成为村落中最吸引眼球的标志性事物。例如后沟的水口处配置以小桥、关帝庙、观音堂及戏台，引人入胜，形成"水口"的最佳组合。为迎合"水口"聚气理论，在地势较为开阔的戏台广场入口处收缩并栽植古树，这是人造水口的杰作（图3-10）。

---

❶　王金平. 山右匠作辑录[M]. 北京：中国建筑工业出版，2005：112.

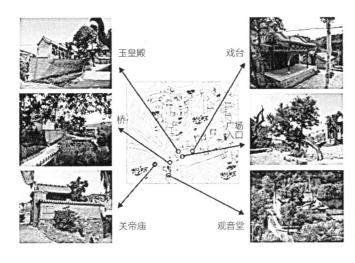

图3-10 晋中后沟水口配置图
来源：底图参考"于鹏，后沟古村聚落解析[D]．哈尔滨：哈尔滨工业大学，2005：21"。

3.1.3 晋中传统村落的功能类型

1．农耕型

几千年来，以小农经济为主体的经济体系成为中国社会发展的支撑。农耕文化体系下生活的居民倡导安居乐业，崇尚自然。这里的住宅以农业生产为主，形成居耕结合、融于自然山水之中的田园式民居建筑，创造了极富地域性和乡土气息的传统民居建筑文化。反映当地农耕经济的榆次后沟村、晋源店头村，追溯其农耕文化起源，有"男耕女织"之说，它不仅指早期的劳动分工，也是农耕文化形成的基础。农业最早是在中原地区兴起的。中原农耕文化包含了众多特色耕作技术、科学发明，是指由农民在长期农业生产中形成的一种适应农业生产、生活需要的国家制度、礼俗制度、文化教育等的文化集合。聚族而居、精耕细作的农业文明孕育了内敛式自给自足的生活方式、文化传统、农政思想、乡村管理制度等，与今天提倡的和谐、环保、低碳的理念不谋而合。早在先秦时期民间流传的《击壤歌》有云："日出而作，日入而息，凿井而饮，耕田而食。"它描述了乡村闾里人们击打土壤，歌颂太平盛世的情景。晋中地区的村落大多是农耕型村落，其中后沟古村就集中保存了黄土高原地区的农耕文化，其民间文化中的民间信仰、生产和生活方式、风俗习惯、劳动及生活用具等都体现出了传统中国尤其是北方地区的古老的传统，具有非常重要的历史文化意义，是一个显著的农耕型的传统村落。在2003年春节前后,中国的民间文艺家协会正式对外宣布晋中的后沟古村成为我国民间文化遗产抢救工程项目的一个样本采集地,这促使其成为北方民俗文化的一个活化石。

就晋中后沟古村在农耕作物方面的土特产而言,主要包括了三种类型。其一是这一地区特产的一些绿色农产品,主要涉及五谷杂粮以及枣梨等。《榆次县志》载:"后沟梨甜脆。"其二是一些健康的农副产品,具体如酒、香油、笨鸡蛋等。其三则主要是一些民间传统的剪纸、柳编以及布老虎等手工艺作品,其地域特性非常突出,也反映出当地居民的耐劳和智慧。例如在后沟古村落的一些传统作坊里,还可看到对一部分传统产品如酱油、豆腐、米面等的生产场面的再现,利用中国早先的石磨、石碾等劳动工具,以传统的工作方式生产和加工一些人们生活所需的基本食物。这些食物,尤其是酒以及豆腐等还可被视为生活于农耕文明背景下的劳动人民所创造的艺术精品,其生产制作所使用的原料都来自于当地的农产品,生产和加工工艺也源自于传统作坊里代代相传的技艺或秘方,主要是在自家窑洞中完成并自行售卖,而相关的古作坊也成了当地的一项重要的文化遗产并逐渐形成了相应的作坊文化等(图3-11)。

总的来说,后沟古村主要基于保护观念来针对村落进行修复和调整,具体是在保存其原先的村落风貌的前提下,积极营建一些相关的博物馆、民俗馆,同时利用现有的一些科学技术尽量让已经或正在消失的民俗风物得以再现,从而相对完整地呈现民间风俗的发展演变历史及其文化内涵等。

(a)豆腐坊　　　　　　(b)酒坊　　　　　　(c)五谷坊

图3-11　晋中后沟作坊生产文化

2. 商业型

晋中的一些村落，因为具备较优越的区位条件便逐渐发展为相对较大区域内的交通集散中心，相应的村落往往也发展成了规模较大的集市或乡镇等，并且这些地区通常都具备了较繁荣的商业经济，也集中了很大数量的住户等。晋中地区展示晋商盛名的灵石静升镇、平遥梁村、太谷北洸村、蒿苔都西高白村等村落就是因市而形成的商业型村落。

宗艾镇位于寿阳县城北部双凤山脚下，距县城13千米，明末清初，是晋中闻名的重要商业集镇，历史悠久，文化底蕴深厚，素有晋中旱码头之称。据史料记载，宗艾在早先时代曾被称为艾蒿嘴、五槐树以及上艾等，后来才更名为宗艾，这里早在一千五百多年前的汉代即建立了村落，发展至明朝时期已形成了市镇，宗艾镇中最大的村是宗艾村。宗艾村北邻阳泉、忻州，西接榆次、太原，是位于古商道京陕大道的交通要塞，古代的商旅即由此经过，再往前走就会进入晋中平川地区。宗艾村因其相对特殊的区位因素以及优越的位置因素等，一度成为明清时期山西境内商人出行的要道，也是区域内地貌由山区转变为平原的重要节点，所以吸引了很多商旅成员于此地暂留停歇或补充物资等，这也促使宗艾逐渐发展成为相关地区的商贸中心和交通中转地，是明清时期远近闻名的商业重镇，被人们称为旱码头。在很早的时候，宗艾便开始集聚来自周边以及更远地区的居民，作为该镇中心的宗艾村拥有一百多个不同的姓氏，分别来自9个不同省份的77个县，总人口达到了3000人。但由于后来晋商的衰败、战乱与石太铁路的修建，宗艾丧失了自身的区位优势，逐渐衰落。

按照宗艾村仍存留的石碑上的相关记录，该村落在清代就已发展到一定规模，特别是从道光年间至民国时期前后约一百年间，宗艾村不但发展成为寿阳地区的商贸集散地，与此同时，还是各地中转商货的物流中心，并且还在很多地区成立了相关货栈。总的来看，宗艾村的街道充满了各种奇闻轶事，并且集中了整个县区超过七成的商贸资本等。该镇拥有当时几乎所有行业的货物，相关的商铺如药铺、银匠商铺、染布坊等充斥着街道两旁，另外，还有各类小商贩经营一部分具有特色的产品。在当地的集市期间，各类商铺如菜市、银市、布市等都纷纷在集市上销售一部分自产的农产品或工艺品等。从清代光绪年间到民国的一百多年里，这一地区的商铺所上缴的税额相当高，其商贸活动也延伸至周边各省甚至江南地区，进而逐渐发展到利用信用货币——克钱的阶段，这一发展可谓在很大程度上促进了商贸和文化的发展交流。

富户在代代继承经商贸易的同时，在宗艾这片土地上留下了大量的精美建筑。塔寺、阁、庙与街巷、店铺、宅院、龙口等大量天人合一的古建筑集中在宗艾村60公顷的土地上，这在寿阳也是首屈一指的。据宗艾村70岁以上老人回忆，旧时，上了"四贤坡"便可一眼望到宗艾村的魁星塔（即文昌阁）。宗艾村在元代曾被重建，村内建筑逐渐发展为砖石结构。另外，宗艾村相关庙宇的建设还非常重视南、北的相互对应，如南阁和北阁等；东、西的建筑分布也大致相同。在宗艾村的各个部位和地区都分别建设了各种形式和名称的五道庙，并且都竖立着相关纪念石碑以及名人塑像等，环境之优雅可想而知。

3. 防御工事型

具有防御工事的平定县娘子关镇、天镇县新平堡镇、介休张壁村、阳泉银元山庄山地聚落、太谷曹家大院等古村落各具特色，传统街巷和整体风貌保存完好，整体保护和开发成果显著，已成为城乡居民旅游的热门目的地。

作为行政村的张壁村是山西省内龙凤镇的一个中心，处于介休市区东南10公里处的黄土丘陵上，并且是背靠地貌起伏相对较大的塬傍沟建立其村镇。整体来说，张壁村面临着较广阔的平原，背靠的沟壑又形成了相对奇特而复杂的景观，海拔1040米。古堡充分利用依山退避、难攻易守的地理优势，形成了包含军事、生活、生产以及其他活动在内的整体性村落，并集聚了产生于各不同时代的许多文物古迹，特别是隋唐地道、刘武周庙、琉璃碑等为全国罕见（图3-12）。

据研究，张壁古堡有三道防御体系（图3-13）：第一道是瓮城上的多座寺庙和堡墙；第二道是"里坊"，即隋唐时期城市遗存的将城市内部划分为若干个相对独立的"里"或"坊"；第三道则为军事地道，也称地下长城，即地下防御体系。古堡堡墙长1300米，面积12万平方米。在堡内一条用红色石块砌成的"龙脊街"两侧，错落有致地修建着五大神庙建筑群。具体来说，古村落的大门主要是以青砖、红砂石等材料建成的，能够较好地确保村落的防卫工作，成为较完美的防卫关口。实际上，张壁村整体的建筑设计即呈现出高墙深院、曲折多变的特征，具有明显的军事防御堡垒的风格，也充分体现出了军事意味。其中，可罕庙所在的高台构成了整个村落的最高点，另一方面，由于张壁村整体逆风水建成，地势呈南高北低的整体趋势，所以该制高点能够较好地实现军事防御功能，而高台旗杆悬挂的彩旗及红灯则起到了传递相关

第 3 章
晋中传统村落中的信仰文化空间布局研究

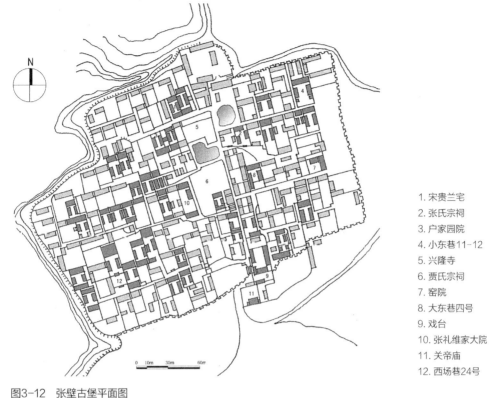

1. 宋贵兰宅
2. 张氏宗祠
3. 户家园院
4. 小东巷11-12
5. 兴隆寺
6. 贾氏宗祠
7. 窑院
8. 大东巷四号
9. 戏台
10. 张礼维家大院
11. 关帝庙
12. 西场巷24号

图3-12 张壁古堡平面图
来源：李秋香. 村落[M]. 北京：生活·读书·新知三联书店，2008：119.

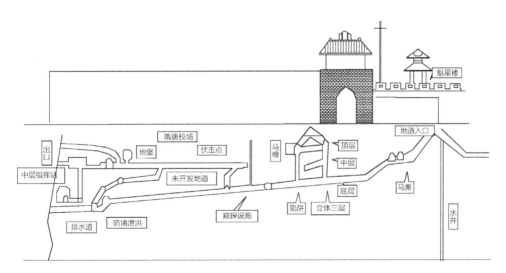

图3-13 张壁古堡地下防御体系图
来源：根据张壁村古堡挂图绘制。

情报的作用，从而形成了相对深远的影响。另外，在张壁村中，很多地面建筑往往采取在村堡中修建庙宇，在堂中再修建楼阁以及在城墙中增设暗门等策略，进而促使村落形成了一个较为严密且完善的防御系统。另外，该村古堡所在地的地下又保留着修建于隋唐时期的地下通道，并与古堡互相连通且延伸至村外。张壁村的地下通道整体呈网状结构，共包括3层，其深度分别为1米、8~10米以及17~24米不等，各通道的高度和宽度分别为2米和1.5米，并且还巧妙地设计了一些储存兵器和物质的仓洞，另设置了一些防御的陷阱以及排水和逃生通道等，因而能够满足进攻、防守、藏匿以及逃生等多种需求。张壁村的地下通道几乎遍及整个村落，并与地上的相关建筑有机地融为一体，从而形成了具有一定规模的、体系化的军事防御系统，并有效反映了中国古代军事领域的文化特征。

3.1.4　晋中传统村落的分布特征

晋中村落分布特点是范围广、规模小、分布散，在风水理论的指导下有选择地分布，以山地型、平地型和坡地型为主要特征。

1. 山地型

山西省地处黄土高原，境内山川纵横、沟壑林立，地形地貌千变万化，晋中地区山地型村落的命名很好地印证了这一特征，如梁、崩、圪、峨、岭、垣、条、塬、嘴（咀）、垴、岩、尖、台、洞、岗、巅、凸、豁、峰、垄、堆、墙、塢、圪洞、圪垯、圪垛、圪堆、圪栳、圪蛋、豁塬子等。

阳泉大崟村是先人们根据中国传统环境的风水理论选吉地建造的，整个村庄群山环绕，围合封闭，负阴抱阳，藏风聚气，东进西收，松柏罩头，清泉绕村，充分体现了天人合一的自然格局。原来进到大崟村的山口有三条瀑布，山水为崟，表示水从山上流下来，所以取名"大崟"。大崟村的古民居依山而建，被称为"深山里的布达拉宫"。这种风格独特的立体式乡土建筑，完整保留了太行山区古老的传统与民俗，真正体现了人与自然的和谐相处。大崟村在结构上大致分为四类：平房、窑洞、楼房、楼房和窑洞的结合体，其中尤以楼房最具特色，直接建于巨石之上，没有地基，一楼存放杂物，二楼居住，好似南方的干阑式建筑，看似连接，其实各自分离，上下参差却实为一家，北方很少见。大宋村里一座被毁的庙，庙里头还存着几座石制的神像。据一尊石像背后的碑文记载，早在距今大约八百余年的金代承安二年即公元1197年就已有人居于此地。

　　山地村落用地紧张，寸土必争，这里建筑密度不小，但因地势陡峭，上下层的房屋高差较大，错落有致，构成了比较舒适的生活空间，房前屋后种植花木把村舍点缀得非常完美。大宋村优美的环境构成立足于生活的需求和自然的完美结合，从村民生活的功能要求出发安排一切。例如跨越山石台阶坡道的过街楼、石保坎边的石砌排水沟、石台阶坡道下的排水沟、悬挑于房外的晒台等。构筑物把实用与艺术融为一体，起到美化环境的作用。大宋村有四奇：一是房舍奇。大宋村的房舍依山而建，层层叠叠，鳞次栉比，房屋都用石头垒成，除了平房，还建有二层和三层楼房，整个村庄建在一个石坡上，房子又用石头垒成，是名副其实的石头村。二是道路奇。大宋村的大小道路全部用石板或石头铺成，村民就地取材，铺设了道路，与周边环境浑然一体。老人们说，村子里的路和台阶是先人们在岩石上一阶一阶地锉出来的。三是大树奇。大宋村是建在一整块巨石山上的村庄，树木很难生长，然而，村口有一棵大槐树，树干三个成人也合抱不住，树龄少说也有五百年，因此大宋村也称"千年古树村"。古树生长在干石山庄，可谓一奇。据村里的老人讲，当年日本人曾来过这里烧杀抢掠，还烧毁了几座民居，村口这棵大槐树也未能幸免，可如今这棵古槐还是那么枝繁叶茂，庇护着大宋村的村民。四是石佛奇。大宋村里供奉着7尊佛像，是"镇山大王"，有石雕的也有木雕的。

　　作为中国华夏文明发源地之一的黄土高原，其面积广达630000平方公里，而其中的五分之三以上为丘陵沟壑等地形。大宋古村聚落作为孕育于其中的众多聚落中极具典型性的代表，呈现出千沟万壑、起伏变化等地貌特点，与黄土高原整体特点相一致，再由于这一地区的气候具有显著的大陆性特征，植被发育不健全，并且水土流失等问题较为突出，整个地区的生态环境较为脆弱，自然灾害多发。在相对较差的自然条件下，人们长年采取粗放型的耕作方式，耕作的收获并不乐观，从而导致居民的生存和生活需求与自然条件的承载能力之间形成了严重的冲突。根据针对黄土高原地区的历史地理方面的相关研究资料可知，这一地区曾发生过多次毁林开垦、过度垦殖的活动，造成该地区生态环境遭受极其严重的破坏。现阶段，在经济社会迅速发展、人口数量急剧上升的背景下，黄土高原地区人们依然面临着严峻的生态环境等问题。因此，在研究散布于黄土高原地区的传统古村落的过程中，我们应积极发掘各聚落和其所在的自然环境之间保持良性发展的内在机制，探讨其中的和谐人居环境体系，从而为保持该地区的长期可持续发展提供有效的参考。与此同时，我们还应认识到，长期受到以城市为核心的发展观念的影响，我们在很长一段时间里都忽略了乡村聚落保存和发展的重要性。所以，我们在推进村落发展的过程中，有必要积极地从地域传统特点出发，选取相应的建筑风格和适当的技术材料等，尽量复原村落原生态的生存空间，在有效运用相关科技的基础上对相应生存空间进行再选择。

大㮎村具有多元化的生态环境以及相当丰厚的历史文化积淀，并且已拥有千百年的发展历史，我们还可发现当地居民运用自身的生存智慧，充分利用当地现有的自然条件营造居住空间。在人们长期因地制宜地改造村落居住空间的过程中，大㮎村的村落建筑也逐渐形成了一种独特的建筑方式和机制，一方面综合利用了当地原有的条件，另一方面又反映了一定的文化和经济特性，是地区人居环境与自然和谐共生的集中体现。历史证明，它是应对恶劣自然环境以持续生存的成功载体。

2. 平地型

晋中地区平地型村落的命名主要体现其海拔高低、面积大小和土壤特质，如垣、坪、塬、滩、碛等。山西省内大多地区缺水，所以假如本地有水源的话，地名中是多半要体现出来的，这样就形成了一批以井、泉、池、河、湾、塘为末字的地名。

大阳泉村位于阳泉市郊区义井镇，距区政府驻地13公里，距市中心1.5公里。古名德裕城，村里原来有五处泉眼，泉水川流于小巷、居民院落之间，构成了独特的村庄风貌。这些泉水平地而出，因而称为"漾泉"，这也是阳泉这个地名的出处。明嘉靖年间，以村北寺沟古庙为界分为大阳泉、小阳泉两个村。大阳泉地处小阳泉南侧，村子较大，故名。大阳泉村是阳泉地区保存较完整的古村落之一。从航拍图上看，大阳泉村犹如一只爬行中的乌龟，头向西方的狮垴山，尾朝东边的桃河。村中现存古建有兰家巷、郄家院、冯家院、姚家院、张穆故居、观音阁、玄天阁、冯氏宗祠、庙育祠（高禖祠）、五龙宫、遏云楼等。大阳泉古村落主要呈现出明清时期建筑特征和历史风貌，存有部分金元时期建筑。原貌保护度好，20%~30%增改建（与平遥古城相当），建筑形式丰富，蕴藏了大量历史信息。全古村群落建筑保护区占地10.42公顷，村系完整，风貌犹存，骨架完美，肌理尚好，建筑艺术属上品，现存有文物古建筑1890间（其中30%待修缮），全村有（现探明）地下大小工事7处，共有石、木、砖三雕7000多件，保存较好，具有深厚的文化内涵和很好的艺术科研价值，因为它的特殊地理位置，人们称它为"城中村"。整个村落呈典型的对称布局，各宅院的明清建筑特征明显。两条中轴线连通18条巷道和36条蜿蜒过道。中轴线两侧的深宅大院设计合理，雕工精细，彩绘华美。

大阳泉村东口，在树木掩映下巍然一阁，像列队武士昂首敬礼，欢迎人们的到来。此阁俗称"东阁"，又名"观音阁"，阁上供奉真武大帝、观音菩萨和仙翁爷，修造于明万历三十三年（1605年），距今已有三百余年。进阁后，映入眼帘的是条石砌成的街道，古朴之气象油然而生，它是阳泉唯一的一条石头街。据碑记载，从东阁到西阁全长百二十丈，宽八尺，系清宣统元年（1909年）村民集资用西山之石修造的，为东西向。在大阳泉村古街，街东有一棵古老的槐树，街西也有一棵古槐，村中同样耸立着一棵龙头古槐。这些枝叶繁茂的古树是历史的见证者，据测算，它们的树龄都已经超过了1000年。古街是村落"北阳"和"南泉"交汇融合之处，是大阳泉古村街巷体系的"龙脉"。街道两旁排列着典型的清代建筑，错落有序，沿街分布着大小庙宇9座，旧时的商号店铺30余家，南北分巷13条，水井8眼，阁楼2座，还有义学堂、牌楼、戏楼、漾泉等。一色的砖木结构房子和铺面，一样的一脊两兽，毛桃滴水，并有砖雕和木雕来点缀门面。

明清之际，大阳泉村内外有规模不同的庙宇18座（图3–14），如今只存有4座，当年这些庙宇是由名为"会"或"社"的组织来管理的，家戏的演出也是由这些组织出面的，比较有名的有火神会、马王会、财神会、菩萨会、关爷会、玉皇会等，都是按供应祭祀各神庙时费用摊派的范围组织起来的，首领称为"会首"。大阳泉村人特别崇敬火神，在众多的神会中，以火神会为最大，每年春节和二月初二为火神的祭日，家戏自然是热闹红火。现在大阳泉村的庙会有正月初一祝人祖会，九月初九祭圣庙会，最热闹的是六月十九龙王庙会。有会必有戏，演戏祭祀神灵，以求得一年风调雨顺，财源茂盛。在乡村，庙会与戏台是乡民群娱群乐的中心。唱戏娱神便在神庙周围产生了这种特殊的集市。乡间有二郎神庙会、娘娘庙会、东岳庙会、关公庙会、药王庙会，从这些名称中我们可以看到庙会与娱神的关系。《平定州志》有描述，"每当祀期，附近村庄扮演杂剧、十百为群相引而至，名曰上会"，各村上会时"万众聚观，男女错杂"。庙会因祀神、演剧而聚众，商人则会辐辏而至[1]，庙会促进了乡村商

---

[1] 参考网址：http://www.yqnews.com.cn/yqzk/pp/202106/t20210615_1176025.html。

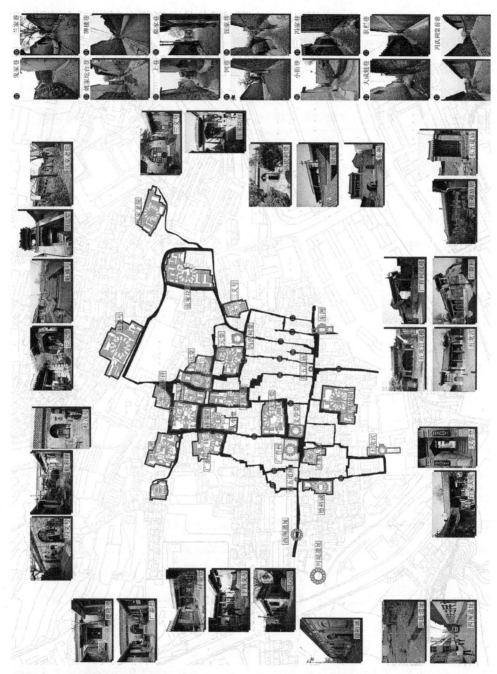

图3-14 大阳泉村历史遗产分布图
来源：薛林平教授提供。

图3-15 旱垣坡地型小山村

业的发展,赶庙会既可以进行商业交易,又可以看戏娱乐,成为乡村中一道美丽的风景。

3. 坡地型

晋中地区村落还有一些地名属于坡地,如:坡、坡底、半坡、坂、坂底、斜等。

石羊坂村位于榆次区东赵乡最北部,是一个典型的旱垣村落。全村现有居民76户,总人口312人,耕地1461亩(1亩≈666.67平方米),严重缺水,全部为旱地,常年以种植玉米、谷子、土豆为生。蔬菜业是空白,曾一度繁荣的林果业近年来产量下降,不占优势,作为该村重要经济来源的养羊业,由于传统的散养坡牧与退耕还林相矛盾,产量也一度下滑。2005年以前,人均收入不足1500元,是一个典型的以传统农业为主的黄土旱垣贫困型小山村(图3-15)。

一百多年前,五台县的一些村民为了摆脱贫困,寻找新的富裕路,背井离乡,来到石羊坂生活、繁衍、发展,在农业社之前,村民们过上了比较富裕的生活。伴随着时代的发展,由于生活方式陈旧,交通不便,信息闭塞,靠天吃饭,村民的生活质量下降,大多数居民处于贫困线以下。村民大多数还住在过去挖的土窑里,土窑相当破烂。

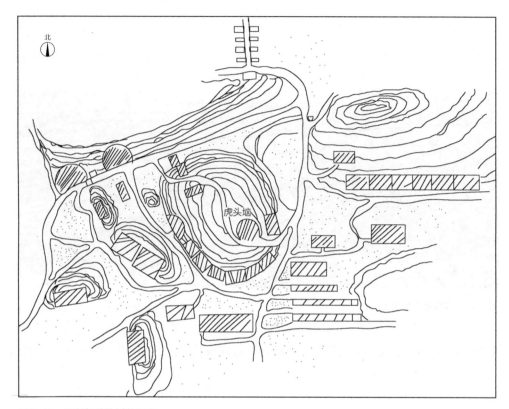

图3-16　石羊坂整体村落形态

　　石羊坂是2005年山西新农村建设的典型范例,在经济建设加强的同时,侥幸的是旧村原样保留。其村落形态围绕虎头垴(石羊坂村最大最高的一座山)呈圆形展开(图3-16),其居住建筑以窑洞院落为主,窑洞的形式主要有靠崖窑和独立式窑院,门脸用材有土坯、石料、砖等。窑洞村落被现代环境建筑学称为完美的不破坏生态平衡的"文明建筑"。这种建筑形式普遍分布于陕北、甘肃、山西、河南等地。总之,窑洞村落的景观标志是窑洞,给人的印象是"人融于自然,人与自然高度和谐",这是"一种高度可印象的环境"[1]。这些窑洞村落突出表达了黄土地特有的文化意象。石羊坂村主要的祭祀活动空间都采用了窑洞的形式(图3-17)。

---

❶ 林奇. 城市意象[M]. 项秉仁, 译. 北京: 中国建筑工业出版社, 1990: 9.

第 3 章
晋中传统村落中的信仰文化空间布局研究

（a）龙王庙

（b）天地龛的各种形式

（c）五道庙　　　　　　　　　　　（d）土地龛

图3-17　石羊坂村采用了窑洞形式的祭祀活动空间

3.1.5 晋中传统村落的形态特征

由于人们在历史发展中形成的聚族而居的心理倾向，晋中地区的传统村落往往也呈现出集聚型的特点，各具体村落之间具有明显的分界线，并且每个具体村落的布局形式往往受到自然环境和地方文化等因素的影响，故而在空间形态方面呈现出不同的特征。就平面形态来看，晋中古村落的形态包括组团状村落、带状村落以及复合式村落等。第一，组团状村落（图3-18）。这一具体村落形态，在平面一般都具有大体一致的方向轴，通常也以规则化的长方形等块状结构呈现，村落内部经常被划分成更小的方格状。组团状村落大部分位于地形相对平坦并且有大量人口聚集的地区，因而较易发展成为区域性村落群的中心。另外，这一村落类型由于用地相对集中，相应的公共设施建设也较为便利。太谷县的谷恋村就是组团状村落的典范。第二，带状村落，也称线状村落（图3-19）。平面布局一般是以一个线状的联系纽带组织起来的呈带状的村落形态。这个线状的纽带是决定村落空间形态的根本因素，它可以是具体的、物质性的，如一条河流，一条交通驿道、要道，一条运河，一道山脉；也可以是抽象的、非物质性的，如一个历史事件，一种历史活动，一个历史人物的活动轨迹，一种文化的传播路径❶。晋中地区的带状古村落往往依河流及其他水源发育形成，或者沿河岸、河谷以及山麓地区呈带状分布发展。这一村落类型的居住区与耕作区距离较近，能够利用河流发展交通并从河流中获取水资源，同时也可以开发利用河滩地以及

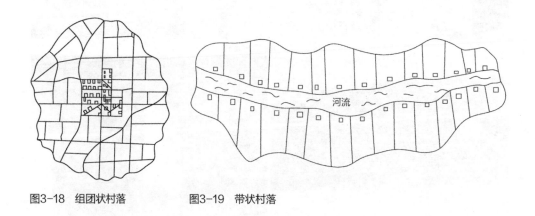

图3-18　组团状村落　　　图3-19　带状村落

---

❶ 林源. 中国建筑遗产保护基础理论研究 [D]. 西安：西安建筑科技大学，2007：16.

山麓坡地等资源。太原晋源区的店头村是带状村落的典型。第三，复合式村落，通常也被称为混合式村落。这一类型的村落通常会随着居住人口数量的变化、经济社会条件的变迁以及相关自然原因等而形成不同的规模和布局形态。一部分新兴的村落在发展过程中和原有的村落发生了合并，也就构成了一个复合式村落。灵石县静升镇静升村是复合式村落的典型。

1. 组团状村落

晋中盆地的传统村落，聚族而居的传统自古浓厚，各村落不仅组团紧凑，而且许多村落还用大堤（一方面是为了防洪）围了起来（在平遥西部为多）。而晋中南部一带的村落则因战乱等原因，村落意象表现为有高墙围护的防御性堡垒。位于太谷县东15里的阳邑村就是典型的围合型组团状村落。

公元前629年，晋国晋襄公封阳地为处父之食邑，从此，人称"阳处父"，封地称阳邑，就此流传下来，王莽年间（公元6年）改名繁穰，后复名阳邑。东汉中元二年（公元57年），冯鲂封为阳邑侯，称阳邑县，北周建德四年（575年），县治迁至白塔村，改称阳邑镇、阳邑里、阳邑堡。明朝以前，古镇是以夫子阁为上东门，财神阁为下东门，西阁为上西门，白衣阁为南门的一个小城，南寨为屯兵之处。

明朝初年，随着人口的增加、集镇经济的繁荣，以夫子阁为中心，建十字大街，南为桥儿坡街，直通南寨，约600多米，建南门；北门巷300多米，拓12个场街、柳沟、刀儿巷、宁寿街、杨虎门等；西门外又增庙后头街、杨路巷；正东向延长400米，建半道街，尽头处又建新上东门；财神阁向东延伸300米，建大街，在此集中盖商铺；东口建正东门，从此，住宅主要向东南延伸，新拓有长寿街、南沟、贾巷、白家巷、石头巷、城南、新地、二成三巷等古街巷。清乾隆年间，改城门为阁门，接洞开拓，上建神阁，供奉诸神，下通人行车往，整体建筑形制华丽、讲究，为村落鼎盛时期的象征。清咸丰年间，又向四周恢廓，有了大园、梨园、炮铺、南寨阁、杜家花园、北门、柳沟门等。民国初年，村内九阁十八门、十一庙、八戏台、五祠堂、八坟茔、二花园以及多处豪宅大院全在，大街商铺完好，村镇管理仍有规矩，教育兴起，经商者众多，有"阳邑、里美庄，真正好地方"之赞誉，传至省外（图3-20）。

现在让阳邑引以为傲的还有始建于唐朝的净信寺（图3-21），净信寺是目前太谷县保存最为完整、历史最为悠久的一座寺庙，它的前殿、后殿共分房间50多间，东、

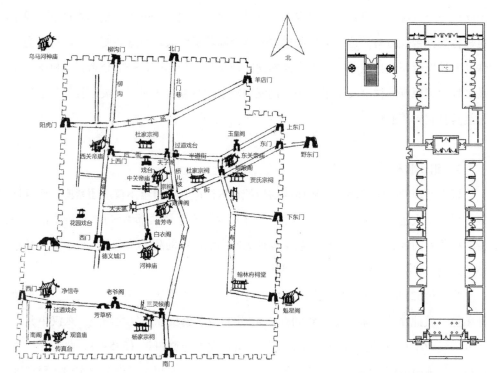

图3-20 古城阳邑全景图（民国初年）
来源：古城阳邑志（未出版）．2008：1.

图3-21 阳邑净信寺

西各有钟楼和鼓楼，最具特点的应该说是建筑物上的蓝色琉璃瓦以及一进门的那座古戏台，那座古戏台可以说是目前山西省古戏台中的一座珍品。

2．带状村落

店头古村位于吕梁山支脉，风峪沟口处，风峪之河水从村旁自西向东流入汾河，村落沿风峪河两岸而建（现河南岸已拆除），南依龙山之脉，北靠蒙山，东西绵延2华里。店头村落形成的空间布局为沿沟底河岸发展的东西走向线状布局，其线状的纽带即为古交、娄烦古道的走向和风峪河的流向。这种线状布局也就促成了店头村总长二里有余的主街巷，主街巷西起坟上到古戏台灯山再到紫竹林寺，而后从紫竹林寺山门下侧西北向甬道转至下街的尽头止，由于处于村落中心，发展为该村的商业街。沿着此街，店头村分为上街、下街、坟上、南坡、赛马坡五大区域。坟上位于程家峪沟口与通往黄冶龙王庙的道路交汇坡地范围内，上街从紫竹林寺西至真武庙止，下街从紫竹林寺东至文昌阁北山角处止,南坡在上街对面的南山坡一线,赛马坡位于紫竹林寺北侧一带。整个村落以石碹窑洞为主,其中近三分之二的民居为石碹筒子窑洞,只有极少数建筑为砖、石、木结构的平房,体现的是既风格统一,又富有变化的古朴的山村建筑特色。

另外,由于店头村历史上曾是古晋阳城通往陕甘宁的必经之地,处于交通咽喉要道,古人考虑战备和生意安全的关系,设计了独特的窑洞串窑洞、大洞套小洞,上下层窑洞、主院与别院,村里寺庙、村口戏台都有暗道迂回贯通的精巧布局。这些独具匠心的暗道设计,除了可用于躲避战乱之外,还有密藏财产和互通信息等作用。

3. 复合式村落

由于居住人口数量的变化、经济社会条件的变迁以及相关自然因素等,一些村落将出现不同的规模和布局形态,而在这一动态化发展过程中,一部分新兴村落发育到一定阶段后和原有村落相互融合,或者已有的多个村落之间出现合并时即构成了新的复合形态的村落。

晋中灵石静升村就是由东西两村发展合并而成❶。清初至清中叶,西村西王氏崛起,并且还拥有较强劲的政治和经济实力,于是开始在村内进行大范围的建造和迁移活动,其中具体涉及村内的巷门、围墙等街巷体系的修筑和完善,同时又择地新建堡子聚族而居。这一时期,静升村内已基本建成了相对完善的街巷体系,各个姓氏分居各处,分别建成相应的祠堂等,并且在村落人口增多的发展趋势下,东、西两个村落又都呈现出向对方区域扩散的趋势。例如先前处于村落中部的阎家沟并无多少人口居住,并被居民们视为东西村落的分界处,而发展至清乾隆及嘉庆年间,东、西两村呈明显的融合趋势并最终发展成为一个村落。时至今日,这两个村落合为一个村落已有两百多年的发展历史,但依然存留了当时分立状态下的一些遗迹。具体包括村东部的"三官庙"和村西边的"三元宫",这里的"三官""三元"实质上指的是同一个事物,即道教的三官(三元)神,反映了该地区的道教信仰传统,具体包括天官、地官及水官,人们祈求赐福、赦罪和解厄等。一般情况下,一个村落中不会为同一神明修建两个以上庙宇来开展祭祀活动,因此,可推测这两座庙宇应当是两村落合并前的建筑。

---

❶ 朱向东. 晋商民居[M]. 北京:中国建筑工业出版社,2009:167.

另外，根据当地的相关历史文献记录，静升村在清代光绪年间还分别保存着东社和西社，这也辅证了该村原先为两村的历史。静升村现今都还有"东截头"和"西截头"的说法，其中的"截头"意指地方、部分，东截头和西截头还分别保存了俗语："先有朝阳堡，后有静升村"和"先有张家巷，后有静升村"等，也揭示了静升村在东、西两村合并的过程中东、西地块村民的认知差异和变化。也就是说，东、西两村的融合发展至清代嘉庆年间，已基本形成现今的聚落格局，静升村的九沟八堡十八巷的整体形态也基本出现了。

就其整体格局而言，一方面因为静升村经历了两村合并的发展过程，并且西村较之于东村更为繁荣，这就促使整个静升村内的民间宗教庙宇呈自西向东的方向线状分布，并且西边有相对较多的庙宇建筑。其中，龙王庙和三元宫所在的位置基本划定了西村的南北边界，而西村的东西边界则主要是由文庙和关帝庙来标注，另外还以倒坐观音庵构成了西村的一个明显地标；相对于西村，东村的东、西、南、北边界分别由三官庙、八蜡庙、商山庙和极乐庵来标注。在东、西两村合二为一之后，相关的地标性庙宇的作用则更为凸显，位于静升村周边的那些庙宇相对清晰地界定了村落的整体格局：北边的三元宫和极乐庵、南边的龙王庙和商山庙以及村落中部的三官庙和关帝庙分别界定了静升村的北边和南边边界以及村落的东西首尾处。可以说，村落边界的存在能够在很大程度上影响村民们的日常活动，其中最为明显的体现就是对村民居住环境选取的影响。例如静升村北边的居住区多分布于该边界范围以内，南边居住区也是如此。另外，静升村西边关帝庙附近的一块义塚，其石碑依然位于村落范围之内，这也反映出关帝庙界定村落边界的功能。

就静升村的庙宇建筑分布来看，其整体呈环状散布，这种形态一方面能够有效地界定整个村落的具体边界，另一方面也在很大程度上影响着居民的活动以及村落的具体格局等（图3-22）。例如三官庙和文庙建筑的整体规模及其装饰在静升村及周边地区都相对突出，并且就乡村聚落中相对少见的庙学之设来说，这些庙宇的建设便集中反映了村落居民对于村口形象的重视，而且这种关注也并未导致在村口集中建设庙宇的现象。综合考量可知，这一布局实质上和静升村的不同阶层对民间庙宇建筑在理解上的差异以及村落中宗族式发展的形态特征密切相关。三官庙中保存的重修碑上记载（道光二十八年，1848年）："余等既修复八蜡庙之后，里人皆以三官庙为举，谓其居村之首，观之壮系于是焉。且堪舆家以为龙脉所关，宜补扶之。"这就鲜明地反映出

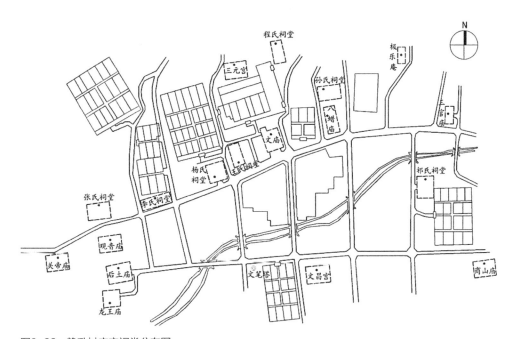

图3-22 静升村庙宇祠堂分布图
来源：参考"刘沛林. 古村落：和谐的人聚空间[M]. 上海：上海三联书店，1997：117"。

了当地村民对民间庙宇的差异性的认识，其中涉及民间宗教崇拜和祭祀、村落景观和地标功能以及民间的风水观念等。

不可忽视的是，一个村落整体的认同感和突出性通常都反映出一种宏观化的心理诉求以及心理反应。从总体角度来看，静升村庙宇的分布格局在一定程度上反映了这一精神诉求，但是就具体的庙宇来说，则更倾向于反映一些民间宗教信仰、风水观念、儒家传统文化以及当地自然条件等。例如静升村的关帝庙、八蜡庙、文庙以及三官庙等一方面实现了当地居民的宗教崇拜和祭祀诉求，另一方面更突出了地区的认同感和村落整体的标识性，其相应的具体体现形式就在于当地村民把一部分供奉重要神灵的庙宇建筑布局在村落的主干道旁，并将其作为聚落的地标性建筑。另外，静升村南北走向布局的三元宫、极乐庵等，其选址主要是考虑到相关自然环境和当地居民的具体需求。其中三元宫、极乐庵分别作为道教和佛教（尼姑）建筑，其承担的功能主要在于为相关人员提供清修场所，它们分别位于静升村北边相对静僻的冲沟沟底和黄土崖上。这里是村内理想居住地域的北限，二庙于此建构实乃顺理成章，其中起重要影响作用的是传统农耕文明下的民间宗教信仰。另外，位于静升村西南部河滩位置的龙王庙，选址于流经村落的河流水系之间，承担着民间祈雨、镇灾、祭祀等功能，而所谓锁闭水口的风水功用则难觅其踪；位于静升村东北部农田间的后土庙则承担着祭祀后土神，保佑当地风调雨顺、农业丰收等作用，风水观念在这里同样没有得到明显体现。位于静升村中心位置的文笔塔和东南方位的文昌宫则鲜明地反映出了当地庙宇建筑中的风水意识。早在封建社会时期，乡村内的权力阶层主要为乡绅群体，这一部分人就算没有深重的风水观念，也会在关系到整个宗族以及自身利益的相关事件上选择相信那些民间信仰和观念，因此，静升村的文昌宫所在地即是该村至福至吉之地，并和文庙等共同构成了静升村乡绅的精神寄托场所。另外，静升村的文笔塔则是一个相对独特的建筑，该塔高27米左右，底部直径大约为4米，位于村中心略偏西处。粗看文笔塔的选址会认为其与风水方面的惯例不符，然而仔细考量则能够发现静升村的地势整体呈东高西低分布，并且西南端地势最低，文笔塔的选址则充分反映出其凝聚生气、封闭水口等风水功能以弥补西南地势方面的缺陷。再参考静升村西边王氏聚居区的分布来分析，则能够看到文笔塔的选址刚好处在王氏宗祠的东南边，反映出当地居民有意为之的痕迹。总的来说，文笔塔的选址和修建揭示了当地居民的宗族观念、风水观念、民间祭祀观念以及前两者对民间祭祀体系的影响作用。

3.2 晋中传统村落中的信仰文化空间布局典型案例分析

3.2.1 山地型村落中的信仰文化空间布局研究

山地型村落的信仰文化空间总体布局呈现为从村口至山顶逐级分布在主轴线上。一般有两个村落级信仰文化空间，一个位于山顶，作为村落的地标，还有一个位于村

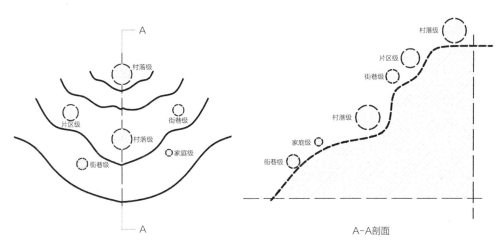

图3-23 山地型村落的信仰文化空间总体布局分析图

落较开阔地带，便于村民日常集体活动，片区级和街巷级信仰文化空间分布于各等高线之间，便于附近村民到达（图3-23）。

上安村是一个典型的山地型村落，处在晋中太谷县范村镇，它既是一个自然村也是一个行政村。它距离镇中心25公里，在范村镇的东方；它距离太原城60公里，是榆次、榆社、太谷三县的交界处（图3-24）。它属于丘陵地区，村子大体上呈南北走向，最北面是土崖，最南边是金水河，在明清时期发展成为一个商业据点，存在着典型的黄土窑，依崖就势，随形生变，层窑叠院。上安村也是一个家族村落，根据牛姓家族的家谱推演，村落的发展始于明代中期。上安村现遗留的明清古民居规模宏大，具有很高的历史人文和建筑艺术价值，牛姓家族在明清时期出现过众多的官宦士绅（一个帝师，两个一品，四个阁老等），村落的空间格局明显是经过精心设计的，人们推断这样的空间格局是最先定居在这里的牛姓祖先和当时具有一定文化知识的精英人士共同设计规划的，这个格局无疑得到了所有人的认可，并且时至今日这个构建仍然在持续中。它的构建思路体现了明显的防御意识和自我保护意识，因为从建筑中我们总是能够发现一些有利的地形、完备的生活系统、众多的门户，我们在这里能够看到当时人们的信仰和追求心理安慰的意愿。

上安村在地势上呈北高南低的形态，自"北乐亭"（过街戏台）沿胡同向北行50米，地形突然陡峭起来，至老爷庙处向下俯瞰，几乎半个村庄都尽收眼底。"北三门"（图3-25）是全村中地势最高的地方。上安村不但有很好的防御工事，在东、南、北三个方向都有门户,而且在门户的周围还有非常多的村庙,这些都体现了人们寻求安全感的需求,这是在物质和精神上的双重保护。北一门附近有佛爷庙,东门附近有三官庙等。修建门户和神庙的意义就在于增强安全感,这些东西给了村民物质和精神上的双保险。根据上安村一些老人们的记叙,上安村共有门户6道,庙宇13座,塑神像18座,这其中既有佛家、道家也有儒家,而且门户的建设和庙宇的修建非常和谐(图3-26、图3-27)。这些建筑全部在百年时间内、一平方公里中建成,可惜的是这些反映中国传统文化的庙宇,都被当作"四旧"而拆除了。现在,留有处于中轴线上的后庙前戏台的观音庙及其对面的过街楼戏台,还有一座关帝庙,现存庙前照壁,但庙内房屋已倒塌

图3-24 晋中太谷县上安村区位示意图
底图来源:http://bzdt.ch.mnr.gov.cn/index.html,审图号GS(2019)3333号。

图3-25 太谷上安村北三门

第3章
晋中传统村落中的信仰文化空间布局研究

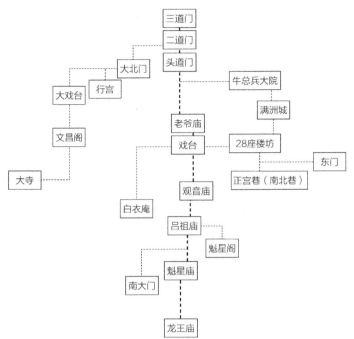

图3-26 上安村历史上村庙布局图
来源：据村民所述绘制。

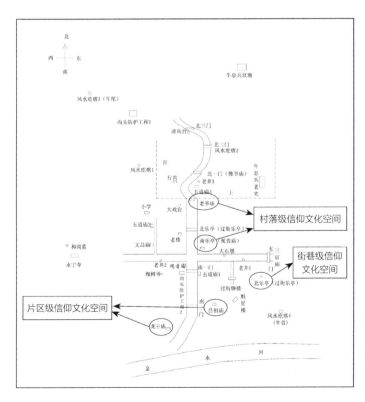

图3-27 上安村历史上村落信仰文化空间分析示意图
来源：底图出自"陈映捷，张虎生. 村落记忆与空间表征[J]. 山西师范大学学报，2009（1）：48-53"。

（a）后庙前戏台　　　　　　　　　（b）过街楼戏台

（c）残存关帝庙院落及入口

图3-28　上安村现存信仰文化相关建筑

大半（图3-28）。

上安村村庙及其神灵的存在形态主要有三类：

第一类，村落记忆形态。

绝大多数的庙宇现在已经不复存在，神像和建筑都已经遭到了严重的破坏，它们往日的威严和神采仅仅存在于人们的记忆中。一些庙宇的原址之上基本上还都没有什么新的建筑，村落中的老人们多少可以根据这些回想起当年那些仪式的情景。

第二类，建筑遗迹形态。

庙宇原址之上还是有一些建筑残片的，但是没有一丝神像存留的痕迹，就像观音庙、永宁寺等。

第三类，存活状态。

至今在村中仍有一些信仰方式存留着，有一些神龛、神像、祭祀用具等还存在，人们依然信奉着槐树爷和土地爷。

上安村民信仰的各种神明众多，而且他们之间的分工非常明确，总的来看，他们的职责囊括了民众生活的方方面面：龙王爷、土地爷保佑农事顺利、五谷丰登；五道爷和槐树爷管理着人们的生老病死；观音掌握家庭幸福和女性健康；关老爷事武事；文昌、魁星事文事。这样一来，不管人在生活中的哪个方面出现了问题，都会有相应的神明予以帮助，人们的心灵就越来越平静，信仰的力量就这样安慰着村落中的人们。信仰无处不在，在上安村，可以看到尘世生活和宗教哲理就这样紧密地交融在一起。

3.2.2 组团型村落中的信仰文化空间布局研究

组团状村落大部分位于地形相对平坦的地区，用地相对集中，具体村落形态一般都具有一致的方向轴，通常也以规则化的长方形等块状结构呈现，村落内部又经常被划分成更小的方格状。所以其信仰文化空间的布局也较为规整，村落级信仰文化空间一般位于村中心，也有个别村落是位于村口的，片区级信仰文化空间位于被街巷分割的方格内，街巷级信仰文化空间位于各条街巷中（图3-29）。太谷县的谷恋村就是组团状村落的典范。

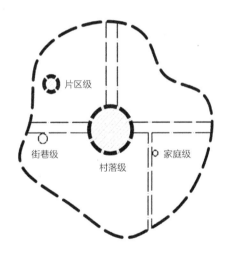

图3-29 组团状村落的信仰文化空间布局分析图

山西祁县谷恋村，古名"圐圙"（读作kū lüè)，意为四面八方围起来的城圈，位于山西祁县贾令镇（图3-30），在乔家大院西南侧7.5公里处。村子周围的堡墙被拆掉后，改名为谷恋。谷恋村历史悠久，源远流长，据《高氏族谱》记载："始祖奉明命迁兹土，数百年藤蔓绵延，生生不息……"据传，村内高氏先祖本从山东渤海迁往陕西渭南，明洪武初年再奉命经山西洪洞大槐树徙至此地。关于村名原称，乾隆版《祁县志》载："县城北路谷恋堡，俗呼圞圙。""祁县130个村镇，分东南西北四路，谷恋堡隶属于北路。"圞圙，两个奇怪的字，方框中间围着"四方八面"，现在一般人既不知道读音也不知道意思，这个名字很显然是根据村型起的。村外东西南北四面四条马道齐整地围起一座堡，四周筑起土堡墙：这就是圞圙外面的这个框了；堡墙留有东门、西门和南门（后有意地少修一门），不建北门，取意直面南向。进得村来，东门至西门为一条横S形街道，与两门等距离处各有一眼水井，从这条街道、两眼井、四面八角的结构及圞圙的原名来看，谷恋俨然取《易经》中"太极生两仪，两仪生四象，四象生八卦"之意布局。

图3-30 晋中祁县谷恋村区位示意图
底图来源：http://bzdt.ch.mnr.gov.cn/index.html，审图号GS（2019）3333号。

谷恋村在庙宇建筑上有它的独到之处，特点之一是在布局上暗藏着中国古代哲学的玄机和文化的底蕴。村落整体布局是按洛书的形式和古代堪舆学的方位要求而设计的，整个格局以因长寿而闻名的四灵物之一的龟为蓝本进行设置（图3-31）。首先，村中庙宇建筑突出了中华文化，以文昌庙为龟首，文昌庙是最具有儒家文化的纪念性建筑，凸显了谷恋村的阴阳八卦方位；二是寓意吉祥长寿，文化繁荣，它是先人对后代的祝愿和期望。文昌庙以北是文昌庙街，从形象上看是龟之颈，而村北的庙是真武庙，反映其适应"北玄武"的道教文化。而贯穿南北的正是儒道二家，寓示着中华文化的传统和主流，在方位上，庙后有道，往范公村的道路顺理成章地就是龟尾了。更有意思的是在村东的菩萨庙和村西的结义庙分别为龟的前两趾。在方位上，菩萨庙偏东南，正是普陀山的方向，结义庙

第 3 章
晋中传统村落中的信仰文化空间布局研究

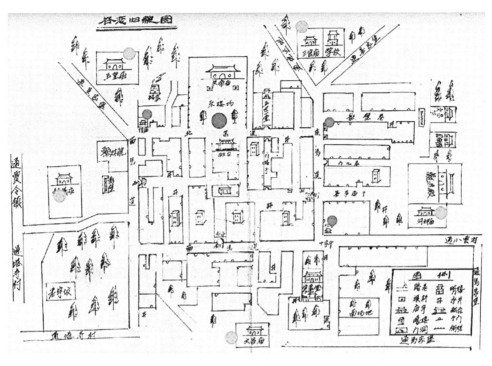

● 街巷级信仰文化空间　　● 片区级信仰文化空间　　● 村落级信仰文化空间

图3-31　谷恋村信仰文化空间布局分析图
底图来源：谷恋村志（未出版）. 2004: 9.

偏西南，与三国时蜀国方位相合。相应的结义庙街和菩萨庙街正是龟的两条前腿，村偏北一些的东马道和西马道正是龟的后双腿。村东北的三官庙及其旁斜过的姜家堡道和村西北的玉皇庙及其旁斜过的吴家堡道又分别组合为龟的左右双后趾。更有意思的是东马道至三官庙又叉分成人字形向东北和西北方向，取"人通三官"之意，三官庙供祀的福禄寿三星，是汉民族民俗文化的组成部分，这也是谷恋村先人对后世的一种意愿。

如今，随着时代的变迁，谷恋村基本保留了完整的村落肌理，真武庙（图3-32）也基本完好（现在是谷恋村村委会的办公地点），但河神庙（图3-33）残缺地孤立在那里，其他的庙宇则由于种种原因消失了。

图3-32　晋中祁县谷恋村真武庙　　　　　图3-33　晋中祁县谷恋村河神庙

3.2.3　带状型村落中的信仰文化空间布局研究

　　带状型村落是指以一个线状的联系纽带组织起来的呈带状的村落形态。这种形态的村落的信仰文化空间往往沿着其线状纽带呈线性发展，村落级信仰文化空间位于村落中心，片区级信仰文化空间依次沿线状轴线展开，街巷级信仰文化空间排布于社区的巷道中（图3-34）。太原市晋源区的店头村是带状村落的典型。

　　店头村位于太原市晋源区风峪内，是一个有着千年历史的晋阳古村落，沿风峪河两岸而建（现河流南岸已拆除），呈东西走向线状布局，东西绵延1000米。这种线形布局形成了店头村总长2里有余的主街巷，在古村主街巷的中心位置，有一处700余平方米，小巧玲珑、结构紧凑，底层为石碹窑洞、上层为殿堂，明清时期的坐东向西的紫竹林寺，在寺的山门对面70米处有一座清雍正年间建的灯山和戏台，这里是本村的村落级信仰文化空间。在村的东南头有一座清雍正年间建的文昌阁，西北头有一座真

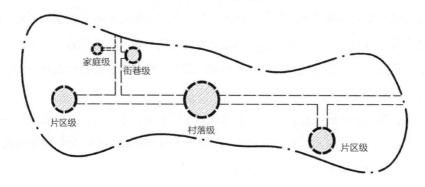

图3-34　带状型村落的信仰文化空间布局分析图

武庙，村南对面山腰有一座山神庙、一个河神庙，村的西山腰有一座王氏祠堂（未在图3-35范围中），这些祠庙充当着本村的片区级信仰文化空间。位于村里各街巷的八棵树围一米有余的唐槐，见证了店头村的沧桑和巨变，同时见证着这里的街巷级信仰文化空间（图3-35）。

店头村的村落级信仰文化空间紫竹林寺（名观音阁）属风峪八景之一（图3-36），

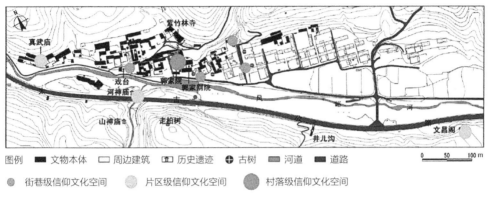

图3-35 店头村信仰文化空间分析图
来源：底图出自"王崇恩，朱向东. 特定历史环境下的居住建筑空间形态分析[J]. 太原理工大学学报，2010，4：376-379"。

图3-36 太原晋源区店头村紫竹林寺全貌

其建造时间据"清嘉庆五年岁次庚申蒲月吉日立碑""大清嘉庆二十三年六月吉日立碑"碑文记载,为明朝。紫竹林寺是一座二层窑洞阁楼式砖石寺院建筑,建筑规模虽不大,却玲珑别致,曲径通幽,别有一番风韵。寺院坐东面西,南北宽约20米,东西深约35米,占地面积700平方米(图3-37),紫竹林寺底层迎面正中为硬山顶木质小山门,门额书草书"紫竹林"三字,山门前置有两个石狮,威风凛凛。山门之下为河砣石所砌碹而成的排水半圆形隧道,山门北边为河砣石砌碹的窑洞5间,其中1间窑洞里供奉着五道爷,其他4间窑洞用于每年春秋间居住唱戏敬神的优人。

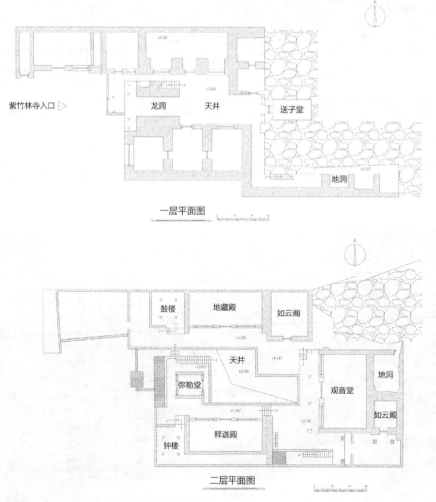

图3-37 太原晋源区店头村紫竹林寺平面图
来源:王崇恩教授提供。

3.3 信仰文化空间——晋中传统村落场所的标识

凯文·林奇在《城市意象》一书中指出："标志是观察者的外部参数点，是变化无穷的简单的形体要素。城市居民依靠标志系统作向导的趋势日益增加。也就是说，对独一无二的特殊性的关注胜过了对连续性的关注。"❶

标志是一个事物的特征，而标识是一个让人认识的特征。"识"字虽有时同"志"，但首要的意义在于"知道""认识"，是要让人熟悉，记住。"识"字则除了"记住"的意义外，有"认得""识别"的进一步要求，更多的是一种沟通。所以本书选用"标识"一词来说明信仰文化空间是传统村落被识别、被认识的特质。标识是在人们的生活生产实践中积累而成的，区别于语言，它是用图形和文字的形式通过人们的视觉传达意义的，标识通常非常鲜明，区别于其他的事物，能够在生活中起到很好的警示、命令、示意、指示等作用。标识给人的冲击较语言更加有力，而且表达效果鲜明、准确、迅速。标识是地域文化的代表，更是具有世界性的文化。

在中国古代农村社会中，宗教信仰是最重要的，没有信仰，无所敬畏是很可怕的。这些神不是迷信，而是精神的支撑，是道德的平衡器，而且中国古代村落的建立，讲究先立庙后立村。这种说法世代相传，可见神庙祭祀系统在村落中所处的重要地位。一个村落的政治、经济、文化也都很直观地表现在村中神庙系统的建筑上。所以，古村落内的建筑布局基本上是以神庙建筑为核心，其建筑规模和形制都是村落中最高级的。

3.3.1 地理位置上是村落和院落民居的核心

刘沛林先生指出中国历史文化村落空间构成的基本特点首先是突出宗族关系。在

---

❶ 林奇. 城市意象 [M]. 项秉仁，译. 北京：华夏出版社，2001：36.

传统村落之中，能够比较好地体现宗族关系的东西就是宗祠，宗祠在一个村落中的地理位置上是中心，而且在人们的精神理念之中也是中心。自从仰韶文化开始，中国的村落布置就已经呈现出了以宗室为中心的"向心内聚"的聚落特点。在人们的建筑理念之中，很早就有了围绕一个中心展开建筑群的铁定原则，中国传统建筑从始至终都在这样的意念支配之下。位于祁县东观镇乔家堡村的乔家大院的祖先宗祠就位于大门正对的甬道的尽头，处于东西中轴线的高潮，充分显示了宗祠的核心地位（图3-38）。

晋中传统村落整体布局也不例外，多在村口利用庙、祠作为村镇内部空间的引端或者中心，又包含有社会伦理意义。例如榆次后沟村在村口处设置关帝庙、观音堂，玉皇殿和酬神娱人的戏台位于村落的中心位置，甚至院落中的天地龛龛位一定是设在正房的中间位置，独占一间（图3-39）。

晋中传统村落的空间结构中常常以"点"形态构建空间核心，比如以祠堂、庙宇来组织有序的空间结构，塑造庄严肃穆的空间氛围，表达敬祖尊先、长幼有序等"理论"及"礼乐文化"的精神，并且以路、桥、树或纪念建筑（牌坊、亭）延伸空间，以祠堂、庙宇、戏台等公共建筑和广场形成村内的开放空间，供村民聚集活动。神庙

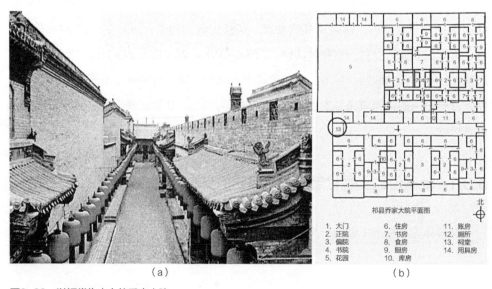

图3-38 以祠堂为中心的乔家大院
来源：王金平. 山西民居[M]. 北京：中国建筑工业出版社，2009：203.

傲然孤立，自成一体，虽然并不与周围建筑群体相依相存，但是作为一个参考的焦点和中心，可以这样说，使周围建筑更多地向它看齐，进而产生千丝万缕的联系。"神庙"代表了永恒的中心，常以中心为生长点向外以同心圆或放射状呈均衡或非均衡的方式拓展延伸，构建空间体系，通过一种正能量的点场把整个村落紧密地联系在一起。这样，表面上看来似乎松散的村镇，实际上却有一种潜在的信仰文化统领着全村而使之连接成为一个整体，布局虽自由灵活，但结构和层次却非常分明。

图3-39 设在正房中间位置的天地龛位

3.3.2 人文景观环境上是村落的特质

传统聚落环境空间结构强调建立多样化的景观体系，基于崇尚自然山水的情怀，通过多角度、多节点空间和多道路空间，借助丰富多彩的自然景色和纪念性建筑来构景，以自然和人工相结合的方法构建富有精神情感、审美意趣和文化品位的景观体系。

在山西晋中的村落中，信仰文化空间是一种常见的文化景观，无论平川大村还是山区聚落，村落的构成总是包含着以民居建筑为主的生活场所，以街巷老井为主的公共设施，以供奉各种神灵为目的的寺观、神庙的象征系统，这样的乡土村落实实在在地成了一种世俗与神圣并存、民众与神灵同居的世界。在传统村落中，人们通过兴建庙宇形成神明的信仰空间，构成富有区域特色的信仰圈或祭祀圈。无论何种布局形式，村庙都能借助地形地势，形成一种灵活自由、错落有致的视觉形态，是自然村落中最为重要的构景元素。这些寺庙已经成为村落不可或缺的部分，它们在村落中的地位非常高，通常它们所处的地理位置非常高，或者是在村落的入口处，它们有时更是和街道的背景深深地结合在一起。一般除了寺庙的后面，其他的地方都是不能盖房子的，村子中的任何楼高也不能在佛像坐台之上，佛像本身就是高大恢宏的，这样，寺庙在村落中就非常显眼了。人们围绕寺庙开展公共活动，进行信仰活动，又一次丰富了寺庙的人文景观。所以，对村落来讲，寺庙是不可缺少的核心，也是村落的重要文化景观。

信仰文化空间的存在和发展，使得晋中村落的人文景观也愈加华美，气象不凡。例如太谷侯城村酎泉寺因有清泉涌出，其醇如酎，因而得名。泉水从戏台下流入山门外的大池内，清澈见底，游鱼可数，池中心为一方亭，以石桥连接南北两岸，四周绿树成荫，鸟语花香，风景宜人，"酎泉春水"因此被列为"太谷十景"之首。旧《太谷县志》："澄净若鉴，照人无匿发。清风蹙之作青罗纹痕，荇藻纷披。"

再如介休三官楼："历年久远，檐牙坍塌，栋宇摧残，势将坠压。每四八集会，肩摩毂击，胥出其途，行人惴惴，咸有戒心。邑人谋所以兴之，而……议论虽多，成功绝少。梁君携堂，客鄂数十年，于荆沙绅商感情尤洽，慨然携募册以往。越三载归来，共集得银二千三百有奇，豫估楼工，绰乎有余，乃鸠匠伤材，择吉兴工。"❶有了众商的捐资，三官楼得以建成。介休富商冀以和修补了介休北辛武村里的七座庙宇。在补修真武庙时，在中轴线上新建了一座琉璃牌坊，气势雄伟，色彩艳丽，构思精巧，至今犹存，成为三晋珍稀文物。清光绪十三年（1887年），一位在贵州省任职的官吏进京途中行至介休时，对当地市容留下了极为深刻的印象："街市极繁荣精整，渡河后至此，始见富实气象。"❷除了寺庙，在晋中村落中所有冲对的街巷口处，会设置各种人们观念意识所需的吉祥的、信仰的、崇拜的建筑或物点缀其中。有的在村口处设置牌坊，有的在冲对的墙上设影壁、题吉语或雕绘吉祥图案，有的放置"泰山石敢当"。这些标志性的东西，同时装饰了村落的环境，为这个古村无形地增添了几分传统文化气息。还有一些自然物的崇拜也为村落的人文景观环境增添了不同的特质。树在山西民间常被认为是神灵附着之地，那些高大茂盛、粗壮古老、形状怪异的树，更是带有某种神秘色彩，被迷信的人所祭拜。在太原市晋源区呼延村中耸立着一棵枝叶繁茂的古槐，它是历史的见证者，同时也成了呼延村的景观之一（图3-40）。

---

❶ 源自：介休市博物馆，"介休重修三官楼碑记拓片"。
❷ 黄鉴晖. 晋商经营之道[M]. 太原：山西经济出版社，2001：14.

第 3 章
晋中传统村落中的信仰文化空间布局研究

图3-40 村落景观之一——古树

3.3.3 传统村落文化和精神上的主导

千百年来，传统村落是中国农民生存的特定环境，这样的乡村空间环境铸就了农民们传统的家族意识和文化心态，这些家族意识和文化心态构成了传统村落文化最内隐的东西。可以说，世界上没有任何一个国家能像中国一样存在着如此根深蒂固的家族村落文化以及由此孕育形成的家族精神和国民的乡土情感。

晋中的大部分村落，清代村村有庙，许多村落的名称就是"庙"。庙成为村落的重要文化景观，也建构起了村民心理生活的层层空间。在一年四季的每一个岁时节日，每一个神诞日，都有祭神的活动，他们通过祭拜庙宇中的各种神灵来解除现实生活中的种种苦难，神庙成为他们宣泄情感的空间。一些大事均在这里进行，久而久之便成为村民心目中的政治、文化和精神上的中心。晋中店头古村的"象形"图案：古村似一艘由西向东行驶在风峪河上的长为二里的大船。船之中心为紫竹林寺，民居分布在船头、船尾，据当时一相士称，此村为风水宝地，但船立于潮头，为了使船不沉覆，需在船头、船尾邻山脚处系上"缆绳"，因此，当时店头村组织村民筹资，在店头村邻山脚处各建一庙，船头的邻山脚处叫文昌阁，船尾邻山脚处称为真武庙，并在文昌阁附近的南山腰修建了一座方形七层宝塔，宝塔四角各压一只活蛤蟆，为镇邪之用，稳住此船，保住风水。马丁·罗班的地标建筑这个概念不是人为加上去的，而是一个村落历史的积累，是村民对于村落的记忆经由传播而形成的普遍意志。这些地标，可能是一座建筑物，也可能是一条街道，一个社区，甚至一个自然生态。法国哲学家亨利·列斐伏尔曾指出，那些纪念碑式的、雄伟壮观的标志性建筑所体现的是一个由网络覆盖的巨大的社会空间的汇聚点，标志性建筑总是体现和灌输一个浅显易懂的信息，它说出了它想说的一切，同时也隐藏了更多的东西。所有地标，在村民心里其实已经上升为一种价值确认，一种文化符号，晋中村落中的信仰文化空间在整个村落中正是起到了这样一种精神"地标"的作用。村落依靠内涵丰富的大庙展现了本村文化空间的丰富内容，并不限于生计经济层面，也上达至高层次的文化素养的要求。

3.3.4　工艺和形制上代表了村落水平的至高级

工艺是人类运用物料与技艺，充分展现材质之美与精湛技艺的历程与成品；形式是指各个部位或组件的整体安排或组成方式；工艺形式是指充分展现材质之美与精湛技艺的表现手法与外显样式。祭祀建筑无论是在国家、政府，还是在民间、个人，均是极受重视的类型，所以大多代表了当时建筑技术的较高水平，用材与施工也都十分讲究。而地方性的祠庙、宗祠在构造做法和装饰上又往往带有鲜明的地方特色，能够比较典型地体现某一时代、某一地域的建筑特点与个性。

晋中的庙宇早期多为村落居民的信仰与社交活动中心，愈为早期，这种现象愈为明显。因为村民普遍具有崇神祭祀的敬天畏神心理与精神救赎、信仰寄托的需求，使得村民对庙宇祭祀活动有高度的认同心理，对于庙宇的宗教性与社会性活动，村落居民愿意捐献丰厚的财物与提供充沛的人力资源，使得庙宇建筑雕梁画栋、山节藻棁。还有一种说法，庙宇建得越大、越精致，表示庙宇所在地及信众的经济实力越雄厚，所以不仅使用最难得、昂贵的建筑材料于外显形式的规划上，礼聘优良工匠所完成的庙宇工艺几乎是汇集常民艺术之最高阶、最精致、最优秀的精华，汇集村落居民奉献的丰富财货与人力资源而成的艺术杰作，表现形式更发挥了"无处不刻花、无处不彩绘"的繁复特质，刻绘历史知名的忠孝节义典章故事主题，以毫不留白的视觉饱满形式呈现，充分展现材质之美与精湛技艺的表现手法与外显样式。庙宇工艺常具有向主祀神致敬、吉祥、祈福、厌胜、辟邪的含义，与家用工艺在主题与内涵上常有不同，这也成了最典型的晋中庙宇工艺形象。例如晋中介休后土庙的建筑为五进院落，由三清楼，东、西钟鼓楼，戏台等建筑构成，其中三清楼和三进戏台形成了前台后殿的形式，这种建筑格局在中国建筑中属独创性建筑，为后土庙所独有。庙群中心建筑——献楼，是三清观正殿及其阁楼与后庙戏楼的连体建筑，楼顶由三清楼三重檐十字歇山顶和戏楼重檐歇山顶巧妙衔接，构建极为精致，被古建专家视为明清古建筑连体结构的代表性杰作。庙群中保存有可同时唱对台戏的三连戏台，堪称道观中一绝。后土庙古建筑群以琉璃为特色，庙观建筑全部以琉璃装饰，无论是殿顶的琉璃脊物、走兽，还是悬鱼以及博风板上的琉璃饰件，皆造型优美，颜色纯正，无一不精，被誉为"三晋琉璃艺术博物馆"（图3-41）。即使是建筑形式和结构与一般民居宅第相似的宗祠（祖祠、家庙），与一般民宅相比，在用料的质量、加工的精度和工艺的技巧等方面，也都远胜一筹，显示了小木作、砖雕作、石刻作、粉塑作等高超的水平，是一种高质量的建筑，表现出了华美的气氛。

图3-41 后土庙古建筑群的特色——琉璃

来源：卢渝，聂元龙. 山西文化资源地图[M]. 太原：山西教育出版社，2010：178.

3.3.5 聚落结构和社会（宗族）结构、村落结构的重要组成

社会结构被定义为在由制度即社会上已确立的行为规范或模式所规定或支配的关系中，人的不断配置组合，社会结构是制度化的角色和关系中人的配置❶。村落的社会结构即村落赖以形成并维系的社会因素及其产生的各种制度与原则，它反映了由个人所组成的不同群体或阶层在社会中所占的位置以及村落居民之间的交往关系。

杜赞奇强调村落共同体的内聚性本质，这种内聚性包括以下几点：①具有明确而稳定的边界；②具有很强的封闭性，存在明显的"排外"现象，本村人与外村人具有明显的身份差别，获得村民身份具有比较严格的条件；③具有高度的集体认同感和高于个人层次的集体生存利益；④内部具有比较密切的互动关系；⑤是下层合作的中心，存在集体的行动和仪式；⑥道义的权威中心。总之，中国传统社会的村落是一个封闭的结构完整、功能完备的基本社会单元❷。

任何一种活动的产生和发展都是和当时的社会性质密不可分的，当然村落中的信仰活动也不例外。

要想认识某种社会现象，就必须将它与其他社会现象、与整个社会联系起来加以考察，如此方能真正认识它的意义与功能。在社会学里，常分出两种不同性质的社会：一种并没有具体目的，只是因为在一起生长而形成的社会；一种是为了要完成一件任务而结合的社会。用滕尼斯的话说：前者是gemeinschaft，后者是gesellschaft；用杜尔凯姆的话说：前者是有机的团结，后者是机械的团结；用我们自己的话说：前者是礼俗社会，后者是法理社会❸。传统村落的社会结构是属于前者的，是一个"熟悉"的社会，没有陌生人的社会。在这个熟悉的社会里，规矩是"习"出来的礼俗，从俗即是从心，民俗经历了无数次的"从心"才陶炼出来。另外，民俗的产生和发展也有赖于传统村落中均质化的生活方式和共同的文化背景（图3-42）。在传统村落中，信仰文化空间是最核心的东西。随着社会的发展，村落社会结构也在悄

---

❶ 布朗. 社会人类学方法 [M]. 夏建中，译. 北京：华夏出版社，2002：15.
❷ 刘玉照. 村落共同体、基层市场共同体与基层生产共同体——中国乡村社会结构及其变迁 [J]. 社会科学战线，2002（5）：193-205.
❸ 费孝通. 乡土中国 [M]. 上海：上海世纪出版集团，2007：9.

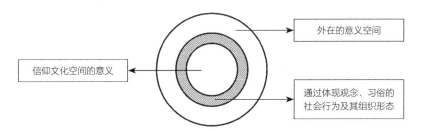

图3-42 传统村落信仰文化空间与村落结构的关系

然发生着变化,故其中的民俗活动也发生着变迁,导致了现在民俗信仰空间弱化的趋势。

后沟古村作为一个宗族乡村,其存在的前提是所有成员由相同的血缘关系联结在一起,并以此为基础联结成其他亲属关系。今天的后沟古村虽然是以张姓和范姓为主的杂姓村落,但它的血缘关系这一特征还是很明显的。从村子由张姓祖先建立开始,张姓始终在这里繁衍生息,代代相传,今天流传下来的张氏族谱就是很好的说明。血缘关系是家庭成员互相认同的凭证,也是区别亲疏的依据,没有这一血缘关系的内在网络,这个群体便不可能存在,所以它是宗族聚落的第一属性。宗族聚落作为一个整体,如果想要持续存在,另一项重要条件就是这个群体必须居住在同一区域内,结成地域关系。后沟古村聚落就由此而形成了这种以个体家庭为主的格局,而这个格局对聚落的影响又是显著的,表现为贫民住宅规模偏小,一般只有正房、厢房、倒座及门屋。

虽然后沟村人历经数十代繁衍生息,建立在血缘关系上的家庭关系也很庞杂,但始终没有固定的张姓祠堂,虽然有族谱,也设有牌位。在我国的血缘村落中,祠堂是宗族组织最显著的特征。有了祠堂,祖宗神灵有所凭依,"宗法,谱法与夫冠婚丧嫁之礼行之有地"。但据后沟的老人们讲,村里过去也常有很正式的祭祖活动,但多选在观音堂和菩萨殿来进行,从功能上看,这些庙宇类似于祠堂,同时也说明了后沟居民不拘泥于形式,务实的精神。在庙宇里进行这样的活动,更使族人在金碧辉煌、庄严肃穆的环境中,在尊卑有序、长幼有别的礼拜祭祀中自然产生对祖宗、对宗族的依附敬畏之情,唤起对本族血缘关系的认同,从而在精神上紧密团结在宗族周围,这也是为什么村民们不遗余力地出重金修建、翻建庙宇,务求规模宏大、富丽堂皇的原因。

图3-43 以礼制为前提的精神空间
来源：潘安. 客家民系与客家聚居建筑 [M]. 北京：中国建筑工业出版社，1998：129.

　　古村落精神空间的形成是以礼制为前提的（图3-43）。礼制以秩序化的集体为本，要求每一个人都严格遵守封建等级的社会规范和道德约束，礼制界限不可僭越。礼制理论长期左右着中国人的生活方式和社会行为，成了稳定传统社会的无形法则，也成了左右中国传统聚居空间形成的礼制基础。礼制制度凌驾于现实生活之上，现实生活服从于礼制，礼制空间表现的是一种精神，一种对家族和祖宗至高无上的崇拜和绝对的服从，历代王朝都大力提倡敬祖和孝道，这也是维持社会稳定的政治需要❶。

　　中国的家族政策大致经历了三个阶段。第一个阶段即春秋战国以前，实行的是世代享受俸禄的世卿世禄制度，其特点是宗法组织与政权合二为一，家族的社会地位由政权地位决定；第二个阶段为秦汉—隋唐时期，为强调门第高下为主的门阀制度，宗族组织与政权脱钩，由门第决定家族地位的高低，强族大宗修谱牒之风大行；第三个阶段为五代十国以后，租佃契约制和科举制兴起，强调敬宗收族，注重血缘关系，提倡"睦族敬宗"、修谱联宗、建祠以祀，使得聚族而居的生活更为普遍，睦族气氛也更为浓厚。特别是宋代开始，文人地位提高，崇尚礼教文化之风更盛，聚族而居，数

---

❶ 刘沛林. 古村落——独特的人居文化空间 [J]. 人文地理，1998（3）：34-37.

世同堂的现象非常普遍❶。

由于长期盛行聚族而居之风，因此，作为宗族社会象征的宗祠，成为村落的核心，一切其他建筑都以此为重心而布局，正如清代《宅谱指南·宗祠》中所言："自古立于大宗子之处，族人阳宇四面围位，以便男妇共祀其先，切不可近神坛寺观。"宗祠等建筑成为礼制空间的核心体，其他居住建筑为围合体，核心体与围合体的关系是社会伦理与家族秩序的象征。几乎所有的中国古村落都遵循这一精神空间的组合原则❷。

古村落聚族而居的精神空间，既是一种民族凝聚力的基础和有效的共享空间的原型，也是束缚人们行动的无形的锁链，应予以正确认识。总之，中国古村落崇尚自然、追求和谐与稳定的聚居空间，表现出一种典型的东方式的人居思想与人居文化，对今天的人居环境学建设，具有重要的启发作用。

3.3.6 属于农村民俗文化活动领域，是村落生活方式的重要成分

村落信仰空间是村庄内部用来举行集体祭祀活动的地方，被赋予一定的神圣意涵和表达方式。其中，既包括具有明显信仰符号和普遍象征意义的空间，例如庙宇或临时搭建的神棚等，也包括不具有明显信仰符号但却在特定情况下为当地村民所信奉的某些器物，例如道路、水井、树木、洞穴等。而村民们普遍认可的神明，包括被当地人所接受的某些神物是他们的信奉对象，有时还作为正义、公平的象征性权威参与村落日常生活秩序的构建，促进了村庄内部以及村与村之间的和谐共处。定期举办的村落集体祭祀仪式，使得其成员不仅意识到彼此拥有共同的神圣空间，而且竞相表达各自在集体祭祀活动中的作用和价值。具有周期性特点的村落祭祀活动，既是人们满足信仰需求的过程，也是展示力量、争取权利的重要时刻。可以说，信仰空间依村落群体生活的内在信仰需求而产生，同时又是一系列可触及的、现实的物理存在，背后还隐含着各种世俗与神圣的力量及权力纠葛❸。由此可见，信仰文化空间是村民与村落

---

❶ 转引自：潘安. 客家民系与客家聚居建筑（三）[J]. 建筑师，1995（63）：50-58.

❷ 刘沛林. 论中国历史文化村落的精神空间 [J]. 北京大学学报（哲学社会科学版），1996（1）：51-55，135.

❸ 侯杰，段文艳. 中国民间信仰的空间呈现与表达 [J]. 中国宗教，2011（4）：29.

产生感情关联与生活认同的重要孵化器。

　　形影不离的村落与庙宇，村民们的生活因为这些信仰空间的存在而显得充实自在、与众不同。李泽厚先生在《美的历程》一书中说："中国的祭拜神灵即在与现实生活相联系的世间居住的中心，而不是脱离世俗生活的特别场所。自儒学替代宗教之后，在观念、情感和仪式中，更进一步发展贯彻了这种神人同在的倾向。于是不是孤立的、摆脱世俗生活的、象征超越人间的出世的宗教建筑，而是入世的、与世间生活环境联系在一起的宫殿宗庙建筑，成了中国建筑的代表。"❶晋中的村落信仰空间无疑正体现了这样一种精神，实用的、入世的、理智的因素占着明显的优势，这也是晋中村落的基本特征之一。概括言之，晋中村落庙宇的布局形式，基本上体现了晋中村落文化的观念形态，满足了村民的不同心理需求，同时也反映出了其文化重心所系，暗合了村落文化的历史选择。

　　综上所述，信仰文化空间是乡土聚落形成场所感的基础，乡土聚落是信仰文化空间的载体和体现。

---

❶　李泽厚. 美的历程 [M]. 北京：生活·读书·新知三联书店，2009：65.

第4章 促进晋中传统村落信仰文化空间保护传承途径的探索

信仰民俗是一种民间传承文化，它的主体部分形成于过去，属于民族的传统文化，但它的根脉一直延伸到当今社会生活的各个领域，伴随着一个国家或民族民众的生活继续向前发展和变化，在特定条件下，以某种方式予以强化，使之合乎整个社会发展模式，使社会生活有规则地运行。村落信仰文化空间的存在有其社会背景和社会环境，这种遗产根植于人所处的时空、周边环境和社交活动中。现代化和商品化带来的种种变化，使村落信仰文化空间失去了原有的土壤和社会环境，也就慢慢走向了消亡，因此村落信仰文化空间的保护工作需要受到更多的关注。

4.1 提出保护的社会依据

在传统农村社区中，民间信仰是普通百姓精神生活的重要构成，由于带有一定的原始性及随意性，其信仰场所和各种仪式活动经常受到一些地方政府部门的查禁。近代以来，民间信仰又受到来自所谓"文明社会"人士的攻击，并与来自西方的基督教产生激烈摩擦。中华人民共和国成立后，在历次破除封建迷信的活动及各种政治运动中，民间信仰不仅失去了存在的经济基础，而且也失去了生存的空间[1]。

经过几十年扫除民间信仰的运动，乡土传统中的祭祀、祈祷、修禳等公共仪式以及相关的传说、禁忌和行为准则，变成了愚昧可笑甚至"反动"的文化糟粕。结果是民间信仰所维系和传承的对地域、乡土、族群的认同感渐渐淡漠，信仰者虔诚、敬畏、自律的内在精神需要渐渐失落。这是精神归属感的瓦解，是当代社会文化发展所

---

[1] 张祝平. 当代中国民间信仰的历史演变与依存逻辑[J]. 深圳大学学报（人文社会科学版），2009（11）：24-29.

面临的一种精神危机。这种危机的产生从反面显示出了民间信仰对于文化传承和发展的积极价值。这正是它被归入非物质文化遗产的原因。中共十七届六中全会通过了《中共中央关于深化文化体制改革推动社会主义文化大发展大繁荣若干重大问题的决定》，在决定中，中央要求"文化管理体制和文化产品生产经营机制充满活力、富有效率，以民族文化为主体，吸收外来有益文化，推动中华文化走向世界的文化开放格局进一步完善"。20世纪80年代初以来，伴随着改革的持续推进和社会的转型，民间信仰出现复兴的热潮，集中表现为乡村庙宇得到复兴，信仰人数有增加的趋势，显示出了顽强的生命力和极大的社会适应性❶。

4.1.1 外部依据：制度的变迁

制度变迁是指创新主体为实现一定的目标而进行的制度重新安排或制度结构的重新调整。它是决定社会演进的主要方式，是理解社会历史文化变迁的关键❷。从制度变迁的角度来分析村落民间信仰的历史演变，能很好地看出制度变迁的效应及制度本身的力量。

自两汉时期佛教传入，道教兴起，乡村信仰在历史的发展中一直伴随着政治制度的变化，历经沧海桑田。历史上民间信仰地位的变化，在"尊佛"与"灭佛"的交替中风雨沉浮。1950年公布施行的《中华人民共和国土地改革法》规定："征收祠堂、庙宇、寺院、学校和团体在农村中的土地及其他公地。"与土地改革同时开展的是社会生活方面的移风易俗运动。信徒大大减少。自1962年以来，宗教方面的阶级斗争是很激烈的❸，大抓阶级斗争，典型、成规模的民间信仰活动被取缔。这时，民间信仰已经出现了断裂。中共八届十一中全会后，宗教工作部门被扣上"执行投降主义、修正主义路线"的帽子，被视为"牛鬼蛇神的庇护所、保护伞"。这一时期，对宗教采取了破"四旧"政策，提出"彻底消灭一切宗教""解散一切宗教组织和宗教团体""取缔宗教职业者""彻底捣毁一切教堂寺庙"等。这期间对于宗教与民间信仰的物质层

---

❶ 张祝平. 民间信仰60年嬗变：从断裂到弥合 [J]. 福建论坛·人文社会科学版，2009（11）：161-166.
❷ 佟新. 人口社会学 [M]. 北京：北京大学出版社，2000：356.
❸ 何虎生. 中国共产党的宗教政策研究 [M]. 北京：宗教文化出版社，2004：141.

面的冲击更是前所未有的。十一届三中全会以后，1979年3月，中共中央批准了《中共中央统战部关于建议为全国统战部、民族、宗教工作部门摘掉"执行投降主义、修正主义路线"帽子的请示报告》，恢复开放宗教活动场所等❶。1982年3月，中共中央印发了《关于我国社会主义时期宗教问题的基本观点和基本政策》的通知，当年12月通过的《中华人民共和国宪法》又一次重申了"宗教信仰自由是公民的一项基本权利"。其中规定："任何国家机关、社会团体和个人不得强制公民信仰宗教或者不信仰宗教，不得歧视信仰宗教的公民和不信仰宗教的公民。""国家保护正常的宗教活动。"这进一步表明，国家对宗教工作的指导思想实现了真正的拨乱反正，宗教信仰政策得到了重新确立，而民间信仰活动也在悄然恢复。但是，不同于国家规定的合法宗教，民间信仰依然被认为是愚昧落后的产物，得不到法律的认可。但是，部分信众和民众已开始定期在原有庙址周围进行小规模的民间信仰仪式活动。1992年2月，中共中央、国务院印发了《关于进一步做好宗教工作若干问题的通知》，其中指出：要"动员全党、各级政府和社会各方面进一步重视、关心和做好宗教工作，使宗教与社会主义社会相适应"。1993年11月，江泽民在全国统战工作会议上就如何解决好我国现阶段的宗教问题正式提出了"积极引导宗教与社会主义社会相适应"的论断，把引导宗教与社会主义社会相适应作为一项战略目标定下来，并成为我党处理现阶段我国宗教问题的方针政策。1994年，国家又颁布了《宗教活动场所管理条例》，以进一步维护宗教活动场所的合法权益。党的十七大进一步阐明了党对宗教信仰问题的基本立场，即"全面贯彻党的宗教工作基本方针，发挥宗教界人士和信教群众在促进经济社会发展中的积极作用"。随着宗教政策的逐渐宽松和基层政府对乡村庙宇进行民间信仰活动的默许，民间信仰也在调整创新中不断发展。目前，有一些规模较大、信徒较多、组织管理较好、影响传播较远的民间信仰场所已经纳入政府管理，作为佛教、道教场所开放，由一个带有封建迷信色彩的纯粹民间信仰场所转变为一个被国家话语体系承认的宗教场所。这种"正名"其实是为民间信仰在现代社会变迁中的发展找到了合法性的基础。

同时，大家也应该看到，国家的经济制度安排在民间信仰变迁中也起到了决定性作用。中华人民共和国成立后，社会主义计划经济体制的确立和人民公社集体经济形

---

❶ 何虎生. 中国共产党的宗教政策研究 [M]. 北京：宗教文化出版社，2004：171-175.

式的实行，使农民、土地和乡土社会的一切几乎都被纳入到国家的控制范围内。这种经济制度安排，既有效地掌控了广大民众日常生活的时间和空间，同时，更以"国家符号"来影响了民众的感观和记忆。尤其是以高度集权的总体性控制与总体性动员为特征的"文化大革命"时期，从根本上隔绝了民间信仰生存的土壤。

农村家庭联产承包责任制的推行，恢复了以家庭为基本单位的经营方式，使广大农村民众从以前的"大队社员"这一"集体人"转变为"个体人"或"自由人"。由于制度的变迁，造成了农民身份上的这种转变，使得他们重新拥有了很大的自由活动空间和自主的时间。宗族社会和民间信仰是根植于传统的小农经济之上的，小农经济除了强化家庭这一基本经济单位之外，更重要的应是经营上的自主权和日常生活中的自由空间❶。显然，在人民公社集体经济的制度框架下，这种自主权和自由活动空间是缺失的，而在家庭联产承包责任制推行后，民间信仰赖以生存的这种土壤重新具备了。因而，从这个意义上来看，国家经济制度的变迁才是改革开放以来民间信仰复兴的深层次原因。

另外，还有一些相关的制度也使得村落信仰文化空间得到了进一步的发展，比如历史文化名镇名村制度、非物质文化遗产保护制度、文物保护制度、建设社会主义新农村的基本国策等。

4.1.2 内部依据：大众化的需要

有学者认为，民间信仰"有其不完全服从、依赖于经济、政治变革的相对独立性和自身发展的规律性"❷，它的生成、演变与创造它的民众的需求息息相关。

首先，"村村皆有庙，无庙不成村"，这是祖传的规矩。在传统农村社区中，宗祠与村庙是不可缺少的两大建筑。在漫长的民间信仰史中，村庙中诸神为本区域发展做出过种种神异的"贡献"，村民对其有着特殊的感情。其次，"风险社会"的精神归属。吉登斯从不确定性的视角把现代社会称为"风险社会"。他把人类社会早期的风险定义为"外在风险"，这是一种自然风险；而现代社会的风险却是一种"人为

---

❶ 王荷英. 民间信仰的变迁——以白云庵为个案 [D]. 武汉：华中师范大学，2006：28.
❷ 陈瑶. 试论当代民间信仰的变迁 [J]. 哈尔滨学院学报，2005（8）：112-115.

制造的不确定性",也即"人为风险"❶。现代乡村社会,既存在"外在风险",也存在"人为风险"。人民公社集体经济条件下,"风险"由集体中的每一个人共同承担,单个人很难感觉到事实上存在着的风险。家庭联产承包责任制取代人民公社制度后,个人摆脱了经济和政治纽带的束缚,通过在新的制度中积极和独立地发挥作用,获得了积极的自由。但同时,他所摆脱的这些纽带正是过去给予他安全感和归属感的那些纽带❷。市场经济条件下,商业社会中的人生风险和不可预知性相比农业社会有过之而无不及。加上"贫富差异的刺激,非正常致富途径的诱惑,飞速变化的生活冲击,共同样式生活的分化等"使得民众心理极易动荡失衡,这促使部分人寻求民间信仰的慰藉。显然,现代农村社会的巨大变迁使每一个人都获得了极大的自由空间和成功的希望,但也使人们强烈地体会到了现代社会中的不确定性及其带来的"风险"以及由此产生的安全感和归属感的缺失。诚如有学者所说:"人的内在精神需要使宗教的心理调节功能成为可能。"❸可以说,当今民间信仰在现代社会"回归"的重要原因之一就是它是"人们想从一个未知的世界中求得可知世界中不可求得之物的手段"❹。每个人在风险人生中都会遭受困难和挫折,生活中充满不可知因素,而民间信仰就可以给信众以心灵上的慰藉和抵抗人生风险的信心。这就为应对现代社会风险提供了一种方法和手段。以家庭为基本单位的"生产方式不是使他们互相交往,而是使他们互相隔离"❺。改革开放以来,农民的生活水平有了根本改善,但农村的文化建设远远滞后于经济发展,有的地方甚至出现倒退,加之近年来农村人口的外迁和大量年轻人的外出务工,"早上听鸡叫,白天听鸟叫,晚上听狗叫"成为一些乡村民众文化生活的真实写照,直到今天仍有不少村民还时常津津有味地回忆起当年的样板戏和看戏时的情景。可见当下农村文化生活之单调与枯燥。民间信仰恰在这时给村民们的生活注入了生机与活力,为乡村民众提供了社会交往和文化交流的平台。空闲时村民们可以去庙里"拜拜神、祈祈福",可以在神灵诞辰的庆典仪式上重温当年看戏的盛况,同时联

---

❶ 冯必扬. 社会风险: 视角、内涵与成因 [J]. 天津社会科学, 2004 (2): 73-77.
❷ 弗洛姆. 逃避自由 [M]. 陈学明, 译. 北京: 中国工人出版社, 1987: 87.
❸ 张元坤. 和谐宗教 [M]. 北京: 大众文艺出版社, 2007: 151.
❹ 王铭铭. 村落视野中的文化与权力——闽台三村五论 [M]. 北京: 生活·读书·新知三联书店, 1997: 312.
❺ 曹锦清, 等. 当代浙北乡村的社会文化变迁 [M]. 上海: 上海远东出版社, 1995: 513.

络村民感情。特别是每年春节期间,众多村庙都要举行游神巡境活动和戏曲演出,许多村民都认为是"搞热闹",增添喜庆,宗教性反而隐而不显,"娱神"更是"娱人"。或借其力维护社会秩序,保持社会稳定;或利用"文化搭台经济唱戏"的方式,将乡村庙宇和民间信仰活动作为拉动经济增长,丰富文化生活的途径。可以说,民间信仰在传统农村社区生活中具有一定的不可替代性,农村中的很多公共生活都是借其开展和延续的。

近年,中国民俗文化研究已成热点,宗教与民间信仰研究亦炙手可热。研究民间信仰是人类集体无意识传承的精神归属的需要,乡土传统中的祭祀、祈祷、修禳等公共仪式以及相关的传说、禁忌和行为准则的弱化甚至消失,使民间信仰所维系和传承的对地域、乡土、族群的认同感渐渐淡漠,信仰者虔诚、敬畏、自律的内在精神需要渐渐失落。这是精神归属感的瓦解,是当代社会文化发展中所面临的一种精神危机。现阶段农村价值信仰总体趋向于过度世俗化、理性化,很多人只有权利意识而无义务感和责任感,人们心中缺乏对信仰、正义与道德的敬畏,面对老人摔倒不敢扶等道德缺失的现象,这种危机的产生从反面显示出了民间信仰对于文化传承和发展的积极价值。现在"南簇北拥"逛庙会的人流、农家乐的兴起,表明在物质日益丰富、精神生活贫乏的今天,人们希望在假日生活中融入更多的文化因素,这些都从侧面反映了人们对村落文化的怀念和期待。

这就是乡村信仰文化空间再生的民众需求基础,从客观上都推动了乡村信仰文化空间的再生。

现实社会生活为民间信仰的存在和发展提供了充裕的空间,民间信仰也表现出了极强的社会适应性。对于在社会主义时期将长期存在的民间信仰,我们不能因为其消极因素的存在而企图彻底将其从现实土壤中拔除,历史实践已经证明这种做法是难以奏效的;当然,更不能因其存在的合理性而放任自流。在现代社会中,我们应当主动吸收民间信仰中那些与现代乡村社会人文精神和伦理价值相一致的观念和行为规范,抛弃那些与现代科技、现代法制和现代道德伦理观念相抵触的东西,对民间信仰进行积极明确的引导和管理,使之更好地与社会主义相适应,从而促进农村社会物质文明、政治文明与精神文明的和谐发展❶。

---

❶ 张祝平. 民间信仰60年嬗变:从断裂到弥合[J]. 福建论坛·人文社会科学版,2009(11):161-166.

4.2 促进村落信仰文化空间可持续发展的外力整合途径

文化作为一种资源,要想长期发展,同时确保可接受的平衡的可持续的方式,其保护和利用的过程就必须是经济、社会和环境方面的相互作用(图4-1)。

鉴于村落信仰文化空间保护和发展的复杂性,倡导政府在政策导向、法律体系构建、技术保障与资金筹措、资源整合等方面给予支持和引导。村民是村落信仰文化空间的重要组成部分和保护的主要力量,应重视村落发展诉求,维护村落信仰文化空间发展途径的多样性。研究表明,在村落信仰文化空间保护的过程中,能够影响村落文化保护工作的因素是多样的,不同的影响因素对于这项工作的影响力度也有所不同,能否将这些因素完美地融合在一起,整合成为一个完整的工作模式,直接关系到村落文化的保护效果,政策保护工作非常值得关注。

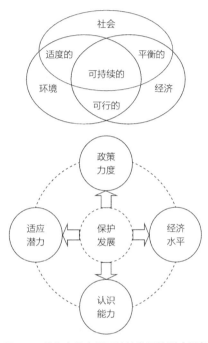

图4-1 信仰文化空间可持续发展的影响因素

4.2.1 历史文化名镇(村)保护制度

从政策引导工作的角度入手,任何文化名城或者文化名镇都是有着丰富的文化背景的,城市和城镇真正吸引人的内涵是这些历史文化,民俗文化强力发展的今天将继续推动我国文化遗产保护立法工作的前进。民俗信仰文化的保护也应该纳入主流工作体系之中,它的发展不能和主流的保护方法相矛盾,适应民俗文化发展的特有保护方式应该在这个体系之中,具体的措施方法可以综合统筹历史文名镇(村)的保护规划、资金计划等纳入村落文化空间。

  保护民俗文化的工作必须时时处处都体现中央工作的精神，早在2008年，国务院公布了《历史文化名城名镇名村保护条例》，这一条例在2008年7月正式执行。当时条例中就明确要求历史文化地域的保护工作必须在一定的工作方针下进行，做到科学规划和严格执行。工作中的重要内容就是维护历史地域的传统样式，一定要完整地保留历史文化遗产的真实性，只有这样才能比较好地弘扬我国的传统文化，正确协调城市发展和历史文化遗产保护工作，同时还应重视文化保护策略的入手点。

  历史文化名镇、名村的存在向来都不是孤立的，这种文化遗产由两个部分组成，即硬实物和软文化两个部分。建筑史学家侯幼彬教授曾出版《中国建筑美学》一书，在书中，他指出建筑美学中软文化的部分更渗透着民俗文化的精髓，这种非物质化的遗产生动完整地表现了当时人们的价值观念、生活方式、思维方式、行为方式、哲学意识、文化心态、审美情趣、建筑观念、建筑创作方法、设计方法等。它们是一个巨大的文化遗产集合，值得人们长久地研究。硬实物部分是这种软文化的载体，是文化的表层机构，它们明确地给出了当时的艺术形式和建筑材质信息，也是一个巨大的实在可见的硬件集合❶。

  所以，文化遗产在认定的过程中要综合两个部分：物质文化部分和精神文化部分，两个部分能够完美融合在一起的才是名副其实的文化遗产地。在日后的遗产保护工作中同样要体现两个部分：物质文化的保护和精神文化的保护。任何断章取义的工作做法都是不可取的。文化遗产地的定性工作是有一定难度的，在评定工作中，历史名人、重大事件是必不可少的，在此之外，不能遗漏掉当地乡民的民俗文化传承，这一点在以往的工作中比较容易被人们忽视，当地民俗的传承是历史文化遗产地文化的生命力所在，不能不给予重视。所以，社会生活、民俗文化的评价标准应该随时予以补充（图4-2）❷。张艳玲博士等在《历史文化名镇名村客观评价体系研究》一文中论述了有关文化空间保护的内容，她巧妙运用层次分析法建立了历史文化名镇名村客观评价体系的层次结构且算出了各因素的权重（表4-1）❸。

---

❶ 侯幼彬. 中国建筑美学 [M]. 哈尔滨：黑龙江科学技术出版社，1997：303-308.

❷ 赵勇，张捷，卢松，等. 历史文化村镇评价指标体系的再研究——以第二批中国历史文化名镇（名村）为例 [J]. 建筑学报，2008（3）：65.

❸ 张艳玲，肖大威. 历史文化名镇名村客观评价体系研究 [J]. 华中建筑，2010（8）：163.

第 4 章
促进晋中传统村落信仰文化空间保护传承途径的探索

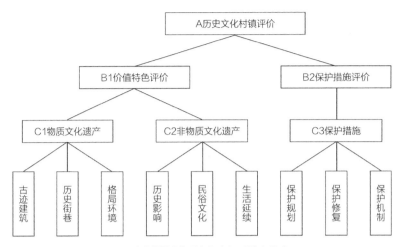

历史文化村镇非物质文化遗产评价指标构成

D4（E8）历史影响　　F12 现存传统建筑、文物古迹最早修建年代
　　　　　　　　　　F13 历史事件或名人影响的等级
　　　　　　　　　　F14 重大历史事件发生地或名人生活居住地原有建筑保护完好情况
D5（E9）民族风俗　　F15 拥有地方特色的传统节目、传统手工艺和传统风俗类型的数量
　　　　　　　　　　F16 源于本地并广为流传的诗词、传说、戏曲、歌赋的范围等级
D6（E10）生活延续　 F17 保护核心区中常住人口中原住民比例

图 4-2　赵勇博士等的历史文化村镇评价标准
来源：赵勇，张捷，卢松，等. 历史文化村镇评价指标体系的再研究——以第二批中国历史文化名镇（名村）为例[J]. 建筑学报，2008（3）：65.

张艳玲博士等的历史文化村镇评价指标体系　　　　表4-1

目标层	第一层	第二层	权重(%)	第三层	权重(%)
历史文化名镇名村的评价体系（29项）	Y1物质文化遗产（45.0%）	Y11文物保护单位	5.2	Y111文物保护单位的数量	5.2
		Y12历史建筑	22.2	Y121拥有反映村镇风貌的古塔、古桥、驿站的数量	3.6
				Y122古塔、古桥、驿站规模的大小（面积）	2.9
				Y123拥有反映村镇风貌的城墙、牌坊、门楼的数量	3.0
				Y124拥有反映村镇风貌的古井、300年以上古树的数量	2.2
				Y125拥有反映村镇风貌的宅院、府邸、祠堂、书院的数量	6.2
				Y126宅院、府邸、祠堂、书院规模的大小（面积）	4.3

165

续表

目标层	第一层	第二层	权重(%)	第三层	权重(%)
历史文化名镇名村的评价体系（29项）	Y1物质文化遗产（45.0%）	Y13历史街区	11.6	Y131保持完好的街道的数量	3.3
				Y132保持完好的街道的长度	2.7
				Y133核心保护区的大小	2.0
				Y134核心保护区现存历史建筑及其环境用地占核心区全部用地面积的比例	3.6
		Y14自然环境与景观	6.0	Y141保持完好的古园林数量	3.0
				Y142保持完好的古园林规模的大小（面积）	3.0
	Y2非物质文化遗产（30.2%）	Y21历史影响	14.2	Y211名人或重大历史事件的数量	5.8
				Y212历史事件序列空间和名人故居的数量	5.8
				Y213建筑的历史年代	2.6
		Y22非物质文化遗产	11.7	Y221传统方言、民间音乐、民间舞蹈、传统戏剧、曲艺、杂技与竞技的数量	3.0
				Y222传统医药、民俗、传统节目的数量	2.0
				Y223民间文学、民间美术、传统手工技艺、美食、服饰的数量	3.0
				Y224文化空间的保护数量	3.7
		Y23生活延续	4.3	Y231核心区原住民的居住人数的百分比	4.3
	Y3保护措施（24.8%）	Y31保护修复	12.4	Y311对历史建筑和文物古迹进行登记建档并实行挂牌保护的百分比	5.4
				Y312对历史建筑和文物古迹已经动工修复的百分比	3.5
				Y313对已经修复的建筑建立公示栏的百分比	3.5
		Y32社会经济措施	12.4	Y321国家基金占保护资金的百分比	3.6
				Y322地方财政预算占保护资金的百分比	3.1
				Y323社会基金占保护资金的百分比	2.3
				Y324旅游业及其相关行业收益占保护资金的百分比	1.9
				Y325历史建筑改造利用的投资占保护资金的百分比	1.5

来源：张艳玲，肖大威. 历史文化名镇名村客观评价体系研究 [J]. 华中建筑，2010（8）：163.

4.2.2 建设社会主义新农村的基本国策

党的十六届五中全会将建设社会主义新农村提到了很高的地位，这为广大农村带来了巨大的变化，在这个难得的机遇中，古村落迎来了良好的发展机遇。但是，在新农村建设的过程中，人们似乎都非常注重城市化的进程，在古村落的文化保护工作上有很多的误区，那些古风古貌的幽静村落被人们引入了商业开发，慢慢地，那里的那些古朴的人文环境遭到了不同程度的破坏，一些古村濒临灭亡的危险。无论是物质文化遗产还是非物质文化遗产都是对我们的历史的沉淀，得来不易，它们身上承载的古人的智慧结晶一旦消失就无法弥补，所以非常有必要呼吁全社会参与到古村落文化的保护中来。2006年，政协委员冯骥才的提案《"文化空巢"及其对策》，呼吁抢救古村落中正在快速流失的民间文化遗产；2007年4月，在"中国文化遗产保护无锡论坛"上，与会代表共同发表了保护乡土建筑的《无锡倡议》，再次对新农村建设中如何保护乡土建筑表示深切关注，并提出了乡土建筑保护和利用的建议。

《关于推进社会主义新农村建设的若干意见》明确提出了新农村建设中必须注意的几点。在新农村规划的过程中，要"吸收传统村落布局手法；发掘地方优秀的民居建筑文化、传统文化、民俗风情等，突出地方和乡土特色"。在新农村文化建设的过程中，要"积极开展多种形式的群众喜闻乐见、寓教于乐的文体活动，保护和发展有地方和民族特色的优秀传统文化，创新农村文化生活的载体和手段，引导文化工作者深入乡村，满足农民群众多层次、多方面的精神文化需求"。在这里可以看到新农村建设在建筑保护和文化保护两方面的工作方法，这样的工作方法对于保护村落建筑环境和传承物质文化遗产及非物质文化遗产很有帮助。

社会主义新农村的建设是我国结合当前的国情提出的重要基本国策。最核心的问题就是三农问题，如何规划布局新农村，如何使新农村具有更长久的生命力，这些问题都和村落空间文化的保护具有非常重要的联系。从表象上来看，新农村的建设是村落文化发展的一个机遇，但是，就长久来看，是不是新农村的文化会影响到村落文化的本身，是不是会影响村落文化的纯洁性，这值得考究。有学者在新农村建设政策的基础上提出新农村建设规划应延续乡村及地域自然人文特色，考虑农村地区传统文化的延续性，承担起传承地方文脉的历史重任。更有学者提出新农村建设的核心应是文化建设，而非经济建设。

4.2.3 非物质文化遗产的保护政策

2002年,"民族民间文化保护工程"在中国正式启动,政府采取了很多有效的措施对一些濒临灭绝的文化内容进行抢救性的保护,从而保留了很多有价值的文化遗产。2003年,《保护非物质文化遗产公约》正式颁布,公约对口头传统、表演艺术、社会风俗、仪式仪礼、节日活动、民间知识、手工技艺等非物质文化遗产的传承工作作出了要求。2004年,中国正式加入了这一公约,并且在2005年开展了第一批非物质文化遗产的报批工作,还计划运用建立代表作名录体系的方法,进一步推进非物质文化遗产的研究、认定、保存和传播工作。在2006年,中国首批非物质文化遗产报批成功,其中共有10个大类和501项具体内容,包括民间文学、音乐、舞蹈、戏剧、曲艺、杂技与竞技、美术、手工技艺、传统医药和民俗等。在日后的工作中,国家计划每两年确定一次国家级非物质文化遗产名录,然后在这个名录中挑选合适的项目,向联合国教科文组织申请加入世界非物质文化遗产。2006年2月,我国首次非物质文化遗产保护成果展在国家博物馆举行。在这次由文化部等九部委联合主办的规模空前的展会上,集中展示了中华人民共和国成立50年以来中央政府和地方政府对中国非物质文化遗产的保护工作,参展文物达2000多件。

晋中地区的很多乡土聚落的各种文化传承都在非物质文化遗产的范畴之中,单是信仰文化空间这一方面,各种各样的祭祀仪式本身就是非物质文化遗产。由于国家对非物质文化遗产的重视,自然社会中的其他团体和组织也会给予这些景观更多的关注,相应的旅游和建设部门给乡村地区的帮助会更大。

《山西省非物质文化遗产条例》于2013年1月1日正式实施,这个条例以"保护为主、抢救第一、合理利用、传承发展"为方针,从政府在保护非遗中的主体职责、非遗调查制度、非遗代表性项目名录制度、代表性传承人传承传播制度等方面释放出了积极的信号。这标志着山西省非物质文化遗产保护步入依法保护的崭新阶段。

进入21世纪,两个重要的文件对于我国的非物质文化遗产保护起到了非常重要的作用,2003年颁布的《保护非物质文化遗产公约》和2011年通过的《中华人民共和国非物质文化遗产法》两项法案对非物质文化遗产保护传承工作的意义就如同里程碑一般。2005年12月22日,国务院发布《国务院关于加强文化遗产保护工作的通知》,要求进一步加强文化遗产保护工作,其中一项重要举措就是:决定从2006年起,每年六月的第二个星期六为中国的"文化遗产日"。而本书研究的村落信仰文化空间正是非物质文化遗产中的重要组成部分。从2007年开始,山西历时三年,完成了非物质文化遗产普查,把山西的非物质文化遗产保护工作又向前推进了一步。

为了有效保护和传承非物质文化遗产的信仰文化空间,晋中很多地方建设了民俗博物馆、展览馆,例如太原的山西民俗博物馆,祁县的东关镇延寿寺被定为民间信仰陈列馆(图4-3),成为一大文化亮点。

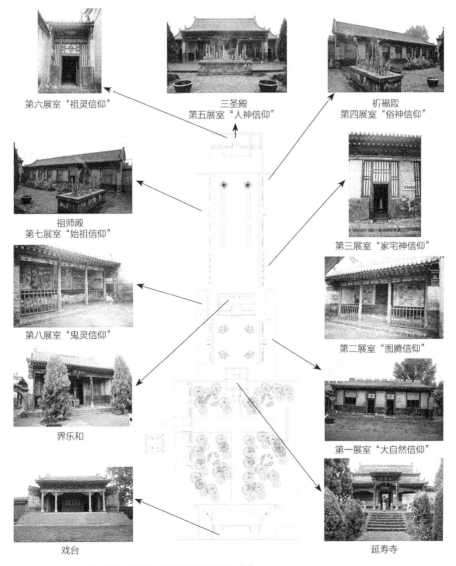

图4-3　民间信仰陈列馆(祁县东关镇延寿寺)

4.2.4　信仰文化空间的价值参考体系

价值取向的平衡中心应该是维护村民的普遍利益，固定、半固定、非固定等特征因素在村落信仰文化的形成中构成了复杂的表象特征和结构特点，文化空间的保护和利用过程中必定要将这些因素全部考虑在其中，这样才能形成一个多元化的平衡的参考体系（表4-2）。

信仰文化空间的价值参考体系　　表4-2

类别	因素		预计变化（现状）	功能，保护传承的可能途径	价值	举例
固定特征因素	构造物	庙宇、戏台、神龛、水井	延续，新建建筑使用现代材料	物质载体，依据文物保护的原则进行	景观、建筑、历史、艺术	天地龛、土地龛、龙王庙、老爷庙等
	自然物	山、水、树	延续	不作为，任其自然发展	景观、生态	
半固定特征因素	画像、祭台、服饰、神像、供案		正在弱化，服饰基本消失	实物的征集、收藏与展示	艺术、历史文化	灶王爷、门神、泰山石敢当等
非固定特征因素	情境、氛围		正在弱化，消失	文化的原生地保护	艺术、历史文化、社会学、人类学	庙会的氛围、求雨仪式、社火仪式、龙龟等
	仪式					
	图腾图案					

4.2.5　文化空间的动态演变与文化功能的合理转换

在"解构"中，原来呈统一状的矛盾结构要被分解，要通过排除其中的"沉淀物"，构成新的整体❶，此即"创造性转换"。因此，面对向现代化的转型，晋中信仰文化空间不能不面对文化的"解构"及"重构"问题。

任何文化都是动态性发展的，只是在不同的历史时期其发展的速度不同。所以，

---

❶ 涂纪亮. 现代西方语言哲学比较研究 [M]. 北京：中国社会科学出版社，1996：62-65.

在对传统文化空间进行传承时，不能总是静态地去描述，要重视其发展演变的历史规律。比如晋中的狐突信仰就随着时代的发展而变化着，由最初的忠义神到汉代的雨神，到明清的财神，到民国以后的生育神。

事实上，空间的功能和文化的内涵向来都是一种相互依存、相互斗争的矛盾关系，社会不停地向前发展总会留给人们种种美轮美奂的文化景观，这些景观的功能在不断地扩展，也就带来了无限的空间。在国际上诸多保护文化遗产的法案中，都能够找到关于遗产保护地功能的论述。1976年通过的"欧洲议会决议案"所提出的"整体性保护"概念认为是"保护建筑环境中的遗产不被毁坏，主要的建筑和自然地形能得到很好的维护，同时确保被保护的内容符合社会的需要"。《华盛顿宪章》（1987年）提出："寻求促进这一地区私人生活和社会生活的协调方法，并鼓励对这些文化财产的保护。"1999年通过的《国际文化旅游宪章》（第八稿）提出："遗产，是一个包括了自然和文化环境的被广泛接受的概念。它包括景观、历史地段和建筑环境，如物种差异、收藏品、过去或正在进行中的文化活动、知识和生活经验等。它记录并表述了历史发展的漫长过程，形成了不同国家、地区、民族和地方特征以及完整的现代生活。它是一个有力的参考系和增长、发展的积极因素。每一个地方和社区的记忆集合和独特的遗产都是发展不可替换的重要的基础，无论对现在和未来都是如此。"以旅游和文化产业为依托的非物质文化遗产保护是国际社会正在实践的一种形式。我国《非物质文化遗产法》以法律的形式确定了"生产性方式"的保护原则，正如国家非遗保护工作专家委员会委员吕品田所说，"生产性方式"应在"遵循其自身规律和运作方式的前提下将传统手工艺导入当代产业体系，使之在创造社会财富的生产活动中得到积极保护"[1]。民间信仰文化是一种文化资源，同时也是一种能够被开发利用的经济资源，如果能够比较好地利用这方面的资源，对于区域经济来说是一件非常好的事情。就现在的实践来看，比较好的利用方式就是旅游开发，将民俗资源开发成为旅游资源，这样既带来了经济利益，也为民俗文化创造了传播交流的机会。

随着改革开放和市场经济的发展，随着思想观念的解放和转变，民众对民间信仰

---

[1] 宋立中."非遗"利用平衡统一是关键[N]. 中国社会科学报，2011-12-20.

的看法也不一样了，人们看到了传统村落中信仰文化空间的艺术价值与美学价值，看到了信仰在发展民间文化、丰富人民群众的精神文化生活等方面起到的作用。有很多民间寺庙的艺术价值并不亚于宫殿，还有很多的民间信仰祭祀用品本身就是很精美的艺术作品，和民间信仰有关的那些令人神往的传说故事、祭祀活动样样都是艺术作品。它们本身就具备非常丰富的文学艺术和审美艺术。在娱乐生活极其单调的传统年代，人们通过那些丰富多彩的祭祀活动和表征仪式来表达自己，开展一些颇具地方特色的文化活动，有时候人们还会将那些传奇故事、神话故事改编成为戏剧等。这些活动一方面丰富了人们的精神生活，另一方面也促进了村落的团结关系，起到了组织的作用。

源于法国的生态博物馆、挪威的生态民俗村等形式，都是旅游语境下"非遗"保护和利用动态平衡的有效办法。❶2006年晋中文化生态保护实验区、2011年山西省国家级非遗保护展示园（晋园）、晋商文化周、传统节日文化空间展示（如平遥的春节、介休的清明节、和顺的七夕节、沁州的端午节一并成为山西传统节庆文化的品牌）以及山西首批"非物质文化遗产专题博物馆"，也都是文化空间在动态演变中的积极探索。现在大部分民间信仰都实现了功能转换，已变为极具韵味的民俗文化现象。它们以魅力独具的内涵和雅俗共赏的形式，吸引着越来越多的人。

4.2.6 人和资金

英国著名历史学家汤因比在其代表作《历史研究》中强调了人类的文化创造是人与地理环境相互作用的结果，在强调地理环境对文化的制约的同时，不可忽略作为文化创造主体的人的能动作用。对村落信仰文化空间起到影响作用的有三类人：

（1）地方精英阶层。是指在村落管理、文化教化等方面起到重要作用的乡村各级人物，他们是联系国家权力和乡村民众的中枢，起着上传下达，促进乡村社会正常发展的重要作用。

---

❶ 宋立中. "非遗"利用平衡统一是关键［N］. 中国社会科学报，2011-12-20.

第4章
促进晋中传统村落信仰文化空间保护传承途径的探索

古村落文化遗产在我国的快速消失，与经济社会的快速发展密切相关，但更与不少农村基层干部群众在思想认识、价值观念上对古村落的误解和"自鄙"心理有关。

（2）村落居民。他们是村落文化的创造者、拥有者，同时又是村落文化的保护者、享受者。

居民是历史文化名镇、名村的主人和使用者，他们同时也是村、镇的建设者，传统民居是居民日常生活的有机载体。信仰文化空间的保护过程中吸收居民参与是十分必要的，并应本着以人为本的思想充分考虑居民的社会关系、经济状况、居住条件等因素，考虑居民的实际要求和现实条件，要有面对面地与居民共同探讨问题的态度，了解居民的意见，分析居民的价值观、生活方式和需求。在此基础上，正确引领居民从整体而不是单从个人的角度来考虑未来的发展，只有如此，居民的参与才能成为信仰文化空间保护和发展的积极因素。

（3）传承人。非物质文化遗产，说到底，还是"活"在传承人的手艺之中。

作为信仰文化空间的传统祭祀仪式，其传承的方式归根结底在"活态"二字上。传统信仰源自民间，是农耕社会的产物，如何使之适应当下的环境，拓展相应的文化空间，不仅是传承人需要思考的问题，也应引起全社会的关注和重视。比如晋中北六堡的抬冰山活动中的冰山制作技艺以及抬冰山的祭祀流程，现在也只有村里几个老人在延续，"年轻人没有人愿意去干这个"，一位老人指着记录前些年抬冰山活动的热闹场面的照片这样述说（图4-4）。

无论是国外还是国内的遗产保护，都无法绕开保护资金筹措这一制度环节。在这一领域，两者几乎不约而同地都是由政府牵头发挥主导作用，并辅以社会团体、企事业单位、慈善机构及个人的多方合作，以确保遗产保护能够获得充足和持续的财力支持。可以通过筹集资金建立古村落文化保护基金会，向社会企业募集资金，类似于日本的古社寺保存金制

图4-4 传承人的记忆

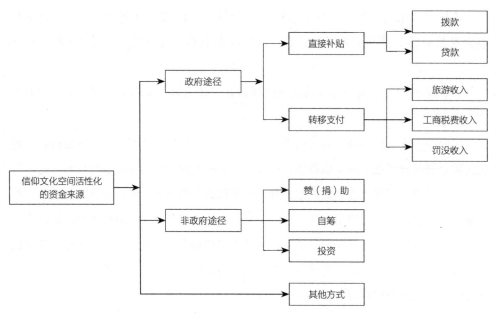

图4-5　信仰文化空间可持续发展资金的来源

度；也可以像黄山市一样，制定认领保护办法，让海内外人士出资认领信仰文化空间，获得其经营权，以更好地吸纳社会资金，解决经费不足问题，实现原地整体保护的目的；也可以争取一些相关的专业院校和人员，建立实习基地，收取相应的费用；还可以从已经开发成功的信仰文化空间旅游门票收入中提取部分资金，用于其他信仰文化空间的保护和开发（图4-5）。还可以建立类似美国的周转基金（Revolving Fund）制度。周转基金是为了历史环境保护活动而筹集的资金，这种基金必须按时返还，然后为同样的目的再次使用，所以称为周转基金。一般周转基金由负责历史环境保护的非营利性组织（NPO）管理❶。

　　大部分开发成功的村落，原因就在于村民享有直接的权利，得到的收益也直接给村民，始于自发的保护，源于内力的驱动。"群众的自发保护是基础，政府的全力推动是外力，规划的有效制定是保障。"

---

❶ 张松. 历史城市保护学导论：文化遗产和历史环境保护的一种整体性方法 [M]. 上海：上海科学技术出版社，2001：173.

4.3
保护传承中应注意的问题

4.3.1 过度商业化

山西省大部分的古村落都在历史上有过辉煌的一页,并对当地的文化产生过巨大的影响,传承着古村落历史文化信息的人群现在依然生活在这片土地上。但现在在这片土地上生活的人们,大多生活水平较低,他们迫切希望改变命运。古村落留下的遗产成为村民赖以生存的空间。过去的辉煌已经成为他们遥远的记忆,现实生活的贫穷和无奈又使他们急于利用"老祖宗"留下的遗产改变点什么。

文化所迸发出来的社会效应和经济效应使得采取新视角和新思维实施文化保护、建设与发展成为当前各个国家、地区广泛重视的领域。令人感到遗憾的是,随着以文化带动经济的行为日益畅行,中外旅游者所到之处,无数个世界文化遗产地已经人去楼空而变成装腔作势的商业文化场所。近年来,国内对乡土文化保护逐渐重视,但在保护过程中,由于过度开发或对"原汁原味"的误读,容易使乡土文化保护陷入误区。作为国内较早提出"乡土建筑保护"的学者之一、清华大学教授陈志华曾指出,过度的商业开发使一些古镇徒有虚名:"它们已失去了乡土建筑最本质的东西,无论从文化内涵上,还是建筑形态上,均失去了乡土建筑最本质的韵味。"❶由于商业化的影响,商业氛围浓,而文化传递性弱化。

非物质文化遗产的过度商业化和不当使用是全世界都有的问题,在中国这一问题也很突出。文化遗迹的保护工作如果沾染了太多的功利色彩,人们急功近利地进行自己的工作,这样肯定会破坏非物质文化遗产的文化本质,实际上,这样的工作只能加快它们的消亡。政策支持要讲究干预的程度,过度的干预会伤害民族文化的生存根基;旅游开发要尊重景区的实际状况,不可以盲目地牺牲掉景区的民族文化精髓,只追求经济利益。这些问题都是这些年的民俗文化开发中比较普遍的问题,很多地方的

---

❶ 陆元鼎. 乡土建筑遗产的研究与保护[M]. 上海:同济大学出版社,2008:72.

资源都因为太过于迎合商业的要求而"变味",过度的商业化也使得很多游客非常伤心失望。非物质文化遗产所涉及的地区一般都是边缘贫困地区,这些地方的非物质文化遗产的开发非常容易沾染上急功近利的色彩,开发文化遗产,使其迎合人们的消费需求,这样很容易导致强行改变传统文化内容的做法,这样就破坏了民俗文化本身的发展进程,违背了民俗文化发展的时空规律性。比如傣族的泼水节,本来它是在傣历新年的前后进行的一项重要的活动,这个活动具有非常明显的时间和空点特点,但是在利益的驱使下,现在已经基本上是"天天泼水节"了。还有继峨眉山之后,同属于中国佛教四大名山的普陀山、九华山、五台山也在纷纷筹划上市,四大佛教名山争相上市,是否是借宗教之名圈钱?还有西安"财神庙"曲线上市,少林寺方丈释永信频频卷入舆论是非。在GDP至上主义的影响下,部分地方政府将寺庙看作重要的财源,对寺庙进行市场化、社会化改革,发展寺庙旅游业,推广寺庙的文化历史价值,进而从中牟利。如此世俗化的寺庙和僧侣,难免沉浸在权力和利益交织的格局中,和尚也会摆脱清规戒律的约束,产生"俗念",沾染上诸多官场恶习和社会流俗。

正如刘守华教授所说:"保护工作还不够完善时,就将其盲目推向市场进行开发利用,实际上是等于把原生态的非物质文化遗产撕成碎片,各取所需,这无疑违背了保护的初衷。"

4.3.2 情境性

关于情境(situation),拉普波特在其《建成环境的意义》中明确指出:"情境包括社会场合及其背景,即谁做什么,在哪里,什么时期,怎么做,包括谁或不包括谁。"离开乡土情境,那些散发着泥土芳香的故事就会逐渐消失。这里的情境和语言学中的语境意义基本相同。在语言学中,一个完整的句子在表达其真实的意义时,要看其所发生的"语境"。意义会因语境的差异而有所变化。村落文化发展同样需要"语境"。正是"因地而异"和"因时而异"的"语境"的存在,才使得文化的个性化发展和选择有了依据,才会产生地域性格魅力的村落文化。

对于文化遗产保护,国际上较为一致的意见是:保持遗产的整体性和原真性。某种意义上而言,这就是要求对特定的文化空间进行保护。因此,对于村落文化"基因"的传递应该在特定的环境中,而非随处可置的发展。正是因为这种约束的存在,才会有地域文化发展的基础环境。所以，在发展村落文化的过程中，始终不能脱离开村落文化"基因"所赖以生存的"语境"，那些"基因"只有在自身成长的"语境"中才能尽显其独特的文化魅力。

文化的区域性是发展与文化有关的产业时必须认真考虑的前提，由于文化背景的巨大差别，同一个文化产业在甲地是成功的，但搬到乙地就有可能失败。迪士尼是美国文化的代表，在洛杉矶迪士尼乐园取得成功以后，佛罗里达州奥兰多市兴建了第二个迪士尼乐园，结果也很成功，后来在奥兰多市的迪士尼乐园旁建了一个"锦绣中华"，原计划分流迪士尼10%的游客，结果，荟萃长城、故宫、孔庙、敦煌石窟、云南石林等60多个文化和自然景点于一园的"锦绣中华"，游客寥寥，根本原因是美国人不熟悉中华文化。在他们看来，这些景点只是不同形式的房子。美国人喜欢刺激性、冒险性、参与性和娱乐性，"锦绣中华"无法满足他们的要求。"锦绣中华"在异国他乡的失败，说明一个道理：文化传承是有区域性的，在产业化时必须注重文化的情境性。

在村落中，信仰文化空间是不可能单独地作为一种意识形态而存在的，它总是要通过相应的物质载体表现出来，文化空间保护是指作为保护对象的文化不应该仅仅有"物"，而应该将作为表象的"物"放在它的场域中，这里的场域就是文化空间所产生的村落，也就是前文所指的情境性。

4.3.3 文化创新

在当前这个科学昌明的时代，已经有许多传统文化在默默地起变化，其中宗教与信仰的因素已经越来越多地向娱乐和艺术倾斜、转化。如今对含有宗教与信仰因素的传统文化的保护，不仅仅是一种包容，更是一种自信。

信仰空间的文化是一种动态化的活动，区别于所有东西凝结在一个时间点的历史的东西，比如出土文物、古建筑等，信仰空间总是随着社会生活的不断变化而变化着。想完整地将那个民俗文化保留、保护起来，像博物馆和档案馆这样的场馆和措施是完全不够的，给它们生命力只能将它们融入人们的日常生活中去，使这样的活动经常化，甚至是制度化。某一种文化没有了持续发展的动力，即使是保护起来，我们也会感到非常惋惜。我们无法阻止现代生活的延续和发展，想要绝对地还原非物质文化遗产的原生环境也是不可能的。想生存，只能将信仰文化空间和现代生活结合起来，这样才能保证创新和发展。

文化的生命在于创新，不创新艺术就不能发展。但是，在继承的基础上创新，这是艺术的基本规律。晋中地区的村落中，有些庙会，包括庙会中的祭祀活动之所以传承和发展，是因为它不是固守的，它能够在继承中不断地创新和发展，融入现代社会，所以能流传至今，这一点很重要。信仰文化空间最主要的特征就是可持续的软性特征，通过营造场所感、认同感和归属感，创造一个可持续的村落文化并改善它的环境。

4.3.4 客观对待

对于民间信仰与社会主义精神文明建设的冲突，采取"左"的态度和"右"的态度都无助于解决这种冲突，"不能把着眼点仅仅局限在破除迷信上，对于影响民众思想达几百年甚至几千年的信仰方式，简单地说它是无稽之谈或归于迷信是远远不够的，还应该根据这种信仰方式所产生并持续发生影响的社会历史条件，去说明它的起源和发展。"[1]人们了解了它的起源和发展，有助于提高觉悟，导之促之朝健康的方向发展。

非物质文化遗产既然是遗产，就必定和旧的历史高度契合，旧时代的一些糟粕肯定在这些遗产中有所存留。当前的世界文化是单一的，发展过程中伴随着激烈的冲突，旅游和工业化、信息化的发展强烈地冲击着往日农业文明的辉煌，非物质文化遗产在这样的环境中奄奄一息。大家应该下决心为历史的精彩遗产做些什么，需要沿着中央要求的"保护为主、抢救第一、合理利用、继承发展"的工作方针进行保护工作，在工作进行的过程中杜绝"破四旧"的再次发生。文化遗产保护的重点难点就是如何保证这些文化遗产的"原汁原味"，抢救工作迫在眉睫。对于那些存在"糟粕"的文化遗产也应该优先保护起来。保护和利用应该是没有矛盾的，保护的目的就是利用，利用需要有保护的资源，批判地继承是在保护工作之后的。在保护工作中，如果只是一味地看到文化遗产中的"糟粕"，就很容易丢失掉那些珍贵的资源，要明白任何民俗都是经历长时间的积累发展而来的，放弃容易，但是再生就非常困难了。有一

---

[1] 宗力，刘群. 中国民间诸神 [M]. 石家庄：河北人民出版社，1986.

部分民俗的内容确实和现实生活格格不入，不过它们仍然不失为很有价值的历史资料，它们作为艺术家的资源，在加工创作之后成为人们生活中的点缀。这方面的例子有很多，像冯骥才创作的小说《神鞭》《三寸金莲》，电视剧《大宅门》与金庸的武侠小说等都是加工旧素材的成功之作。笔者想表达的就是人们要端正对非物质文化遗产的观念：保护在先，利用在后，批判利用，合理加工。人类应该善于变朽木为良材，让那些传统文化服务于先进文化。

从文化学的角度讲，很少会粗暴地将文化分成优秀的部分和糟粕的部分。从客观上说，我国传统文化中确实有些东西需要扬弃，但不能因为一个文化中有这样或那样的与当代伦理价值观不相契合的部分，就认为这一文化存在诸多问题。在社会底层的民间文化中从未彻底清除民间信仰，取缔合法性的结果只是增加了这种文化形态的非理性色彩和反主流文化倾向。从这个意义上讲，人们所担心的民间信仰的迷信色彩恰恰是因为受到主流文化的压制扭曲而强化的。譬如日本在明治维新的时候全盘西化了，可是在日常的生活中，仪式、服装，还有过年过节的种种细节，一点都不苟且，非常仔细，而且他们将自己生活的空间保持得十分整洁，确实是值得我们学习的。再比如庙会本来就是人们利用长假愉悦精神之所，它应该寄托丰富的精神内涵，通过庙会活动展示传统文化，让人们积极参与，营造人们所熟悉的历史和传统文化氛围，使其更具吸引力，人们可以在这里找到传统、现实和未来的连接点。庙会不可能没有商品交易，但不应该让商品交易掩盖精神需求[1]。

保护非物质文化遗产的本质是努力维护文化的多样性，将那些边缘化的文化挽救回来。一直以来，人们秉持着"取其精华，去其糟粕"的宗旨来进行非物质文化遗产的保护工作，在保护的时候，先批判，再选择，后择优而用。"国学热"已经持续了很长一段时间，但是人们的关注重点一直在"大传统"之上，这其中处处都显露着对小文化的偏见和轻视。如果一直存在这样的工作态度，就不可能真正地挽留住那些原生态的非物质文化遗产，因为如果这样的话，传统民俗文化的地域文明和群体早就已经消亡。

对非物质文化遗产应遵循"保护为主、抢救第一、合理利用、传承发展"的原则，普及、提高全民保护非遗的意识，提高非遗的社会认知度，形成合力；同时，适

---

[1] 李琳. 过年话庙会 [J]. 中关村，2007（2）: 120-122.

度开发，适当创新，吸引年轻人从业和欣赏；政府从资金、人才等各方面倾斜，给予保障，从而推动非物质文化遗产的延续和发展。

现代社会大量的科技项目进入农村，出现了村民既运用科学技术，也参加神明崇拜的现象，学者们认为这会导致科学和超自然力控制的解释的分歧。但事实是相反的，在晋中地区的乡村，人们一边供奉龙王爷，一边钻研各种科学，无论在思想上还是行动上都采取了二元论的处世方法。村民们说："科学和信仰是两条路上跑的车，不会碰撞。"

4.4 保护传承的三种模式

近20年来，国际社会出现了多种保护与利用模式，如生态博物馆、传统文化之乡以及传统文化生态保护区等，就是因为充分注意到了非物质文化遗产与物质文化遗产甚至自然遗产之间的内在关联性。在中国新农村建设进程日益加快的背景下，如何有效地实现有形遗产与无形遗产的互动开发与保护，是决定村落更新能否具有持久生命力的重要因素，也是应对中国农村"空心化"以及千村一面、缺乏个性与独特风格等弊端的可行途径。

联合国教科文组织对保护非物质文化遗产的解释就是：采取积极措施，对非物质文化遗产进行"确认、立档、研究、保存、保护、宣传、弘扬、承传和振兴"，确保非物质文化遗产的生命力，使之得以延续和发展，在人们的文化生活中发扬光大。保护文化空间就是保护民俗文化赖以传承的载体，为民俗文化的传承提供良好的环境，通过扶持、指导，使传统民俗文化继续保持在人们的生活方式中，在现实生活中自然传承，发扬光大。

故从非物质文化遗产和物质文化遗产二者整体性保护的高度，提出三种信仰文化空间传承模式：保护的模式、发掘的模式、引进的模式。

4.4.1 保护的模式

保护的模式主要针对历史传承下来的，具有较高文化价值，至今仍存在于广大农民的日常生活中的民俗信仰活动，如榆次后沟天地龛的保护。

"就保护而言，建筑遗产并非都只是受保护的历史标本或遗骸，也并非只是标识形式，风格的躯壳，而更加有意义的则是建造和持续使用中所曾经发生的事件，风习及其与建筑互动作用所留下的印记。"❶对民俗信仰活动空间的保护，关键在于保护其深邃的、优秀的乡土文化，并且尽可能地保持传统村落的民俗精神个性。保护是基础，利用是目的，保护不是单纯的怀旧复古，封存不动，而是在现实生活中传承和延续。所有的非物质文化遗产的继续传承都是一个鲜活、动态的过程，它们多多少少会和一开始出现的时候有所区别。这是因为任何文化都要和人们的现实生活相一致。保护和利用、发展从来都不是矛盾的，只有利用和发展才能够更好地保护非物质文化遗产。对神龛等重要民俗的保护可以保证更多雕刻艺术的传承，这样一来，文化遗产的保护和文化产业的发展就结合了起来，引入商业模式进行保护，这样的发展才更有动力。

4.4.2 发掘的模式

中国是世界闻名的文化古国，历史文化的沉淀相当丰厚，跟随着时间轴前进，文化也是在村落中层层积累。有时候这样的积累会使人慢慢忘记那些尘封的东西，应深度挖掘那些尘封的记忆，努力将那些历史文化延续下去。

晋中村落就可以挖掘民间忠义类、孝贤类信仰的内涵，倡导现代人讲求诚信、孝道。例如在明清以后，晋北地区又出现了端午节是纪念明初大将军常遇春之母的说法。大略意思是：常遇春的父亲为进京赶考举子，母亲是雌性白色人熊。父被母强掳

---

❶ 常青. 建筑遗产的生存策略保护与利用设计实验［M］. 上海：同济大学出版社，2003：3.

至山洞，成婚生子。后来其父携年幼的常遇春逃离山洞，母亲悲痛投江而死。常遇春成人后，于五月端午节投粽子于江中以祭母。此说显然脱胎于纪念屈原之说，却输入了儿不嫌母丑、后辈对先人不忘尽孝之礼的传统思想。

　　乡村民间信仰治理的重要任务之一就是充分地挖掘村落民间信仰中正面的东西，将这些信仰的道德教育功能发挥出来。我国台湾的相关学者就认为，民间的信仰不但在传统社会里给了那些低文化水平的人们以心理依靠，而且在现代社会里也给了那些方向感不强的人们强大的精神抚慰，从社会发展的角度看，民间信仰绝对是增强认同感和凝聚力的重要工具。一般的民间信仰涉及的对象都是那些古代社会中的忠义英烈或孝悌之人，这些反映了信众们对忠廉正义、忧国忧民的精神的向往之情，他们向往这些偶像的精神，也渴望他们的英灵能够长久地保佑自己和家人，保佑人们不受灾难的困扰，添福进财，这是人们内心深处正义、积极、向上的诉求。所以，我们不但应该准许"民间信仰"的存在，更应该积极发挥它们的正向作用，将它们用作为社会主义和谐社会服务的工具。

4.4.3　引进的模式

　　全球化已经使得全球的交流非常通畅，"地球村"的叫法名副其实，在这样一个大环境中，文化的多元化程度非常高，"闭门造车"的年代已经一去不复返了。旧社会的社会结构不能适应新时期经济的发展，那么旧的社会结构就会发生改变，社会变革必定会带来文化变迁。在21世纪的头一年，联合国教科文组织的《世界文化多样性宣言》提出："每项创作都来源于有关的文化传统，但也在同其他文化传统的交流中得到充分的发展。因此，各种形式的文化遗产都应当作为人类的经历和期望的见证得到保护、开发利用和代代相传。"❶所以，对于那些在历史上曾经辉煌过的文化，对那些濒临灭绝的文化，应该采取接纳的态度。

　　因地制宜、因时而异是所有事情的不变准则，在引进民俗的时候也要这样，要注重将民俗信仰本土化，将民俗文化和新时代的精神要求相结合，这也是新时代社会发展的需求，"拿来主义"是任何时候都要警惕的思想错误。引进、利用民俗要不断地

---

❶ 为《世界文化多样性宣言》第七条。

挖掘、扩展它们的内涵和外延，尽可能使它们的价值有所提升。比如在农村的广播电视普及活动中，政府要求实现"村村通"，事实上，在榆次后沟的戏台已经成了摆设。戏台、玉皇殿共同围成的广场没有发挥出当时设计的作用，现在也仅仅是人们休闲纳凉的场所（图4-6）。笔者认为这些场所的功能还能够再开发，庙会、娱乐、贸易、旅游等都能够比较好地丰富民众的生活。

引进先进的发展模式为村落的更新发展提供了新的活力，这也是维护村落和谐、可持续发展的必经之路。在引进的过程中值得注意的一点是村落自身文化和整体环境的协调一致。比如在一些农耕文化博物馆的周围，如果建设一些多功能的歌舞厅就显得不伦不类了，民众们也比较反感这样的做法。

总之，对于晋中村落的信仰文化空间，要及时地找出来（即通过普查，将晋中地区村落的信仰文化空间找出来，建立保护名录，并分批公布）、保下来（即采用多元化的保护措施，有效保护晋中地区的信仰文化）、亮出来（即整理晋中地区的信仰文化空间，建立信息系统，充分展示历史文化资源）、用起来（即将晋中地区的信仰文化组织到现代生活中，发挥其文化艺术价值）、串起来（即将分散的晋中地区的信仰文化空间串联起来，形成合力，放大历史资源优势）。

图4-6 榆次后沟戏台广场

第 5 章
结语

目前，国际上建筑学的发展已经有了新的趋势，传统的建筑学已经和社会科学联系了起来，社会科学中的一些工作方法也成了建筑学的重要工作凭靠，比如非物质文化遗产和物质文化遗产之间就可以也应该建立起紧密的联系。在非物质文化遗产研究中，对于民间文化的传承非常重视，研究领域非常广泛，几乎民众生活的全部内容都是其研究对象，包括民间传说、口头文学、故事、习俗、村落、建筑物、民间工艺、习惯、民间规约、邻里、信仰、年节风俗、民间赛会、艺术活动等非常多。在非物质文化遗产学的帮助下可以更好地了解村民的生活状态和心理动态，对于解读社会问题、解读建筑和文化之间的关系有很大的助力，也能帮助人们认识建筑的变迁，还能够丰富建筑的创作，给建筑的创新添加新的活力。新农村的建设就是跨越了物质文化遗产保护和非物质文化遗产保护两个领域的一项复杂工作，这项工作需要在同时保证两者的完整性的高度上来完成。非物质文化遗产和物质文化遗产虽然特征区别明显，但是它们从来都是相互依存、共同发展的，它们之间不停地相互影响和扶持着，文化空间正是非物质文化遗产和物质文化遗产间最直接的纽带。村落信仰文化空间作为村民情感的表达，涉及深刻的精神层面，并关系到人性的基本层面，它并不是牛顿经典物理学中的绝对空间，而是一个"日常"的空间，是一个充满各种含义的空间。村落信仰文化这种非物质文化遗产只有在村落的环境中才能够生存发展，村落环境也因为信仰文化的存在才变得生动活泼。

传统村落信仰文化空间是一个自有其存在价值的独立系统，是农村共同体内的一个"精神家园"，是一个有故事、有文化、有活力的场所。本书在充分利用前人研究成果的基础上，做出了以下几点新的尝试：

（1）从非物质文化遗产和物质文化遗产相结合的视角选取了信仰文化空间这种特殊的村落空间为切入点，目前所知文献中鲜有晋中地区信仰文化空间的研究，因此本课题具有重要的意义。

主要是从非物质文化构成切入，结合建筑学领域对空间形态的相关研究，具体探讨传统村落"精神空间"的发展形成及其主要特性等。目前国内学术界针对相关问题的研究和重视程度都极其有限，无论是历史、地理学研究领域，还是文化研究领域，都对传统村落的历史、地域及文化特色关注不够，其中围绕村落展开的历史及地理聚落研究集中关注的是村落物质空间方面的相关内容，却忽略了其文化心理所对应的精神空间方面的内涵。本书研究的文化空间属于非物质文化遗产的一种具体表现形式，其中的空间是指民间以及传统文化等方面的活动所对应的地域，同时也涉及相应的具有周期特点的时间，还涉及人们的一些规律性的活动，也就是说，在关注相关民间建筑的同时，还有必要关注与之相关的各类群体聚会和活动等。具体到信仰文化空间，就是指与民间信仰有关的文化空间，包括信仰活动的时间、事件、空间等，其中的民间信仰，一般是指有别于正统宗教的、在民间自发形成的多神崇拜，民间信仰的一个重要特点是具有鲜明的区域特色。所以，本书不仅研究建筑自身，还要研究思维方式、生活习俗与建筑空间的关系。建筑的问题必须从文化的角度去研究，因为建筑正是在文化的土壤中培养出来的；同时，作为文化发展的进程，并成为文化之有形和具体的表现❶。

非物质文化遗产，特别是文化空间的研究，总体来说，全世界范围内，日本较为理想；就中国来看，目前涉及建筑民俗学的论述相当有限，且主要关注异质性的建筑民俗，特别是那些亚文化区域的民俗文化空间。从空间来看，研究的地域范围大都集中在闽台和江浙沿海一带，北方省份的研究相当薄弱。比较而言，北方较南方薄弱，北方黄河中下游的山西等省较山东等省又显薄弱。就山西来说，对晋南和晋东南地区信仰空间的研究相对多一些，而对晋中村落信仰文化空间的研究尚属阙如。

（2）通过对晋中地区传统村落信仰文化空间的调研分析，总结出传统村落中信仰文化空间的五个层级。

传统村落中社会结构复杂且具有层次感，其中最具影响力的就是宗族、宗教的信仰文化空间，通过这些空间可以很容易地把握农村聚落的布局形态及秩序，增加传统农村聚落的可识别性。一个村落的祠庙再多也有主次之分，它们的设置一般具有一定的空间排布特点，通常可以分为以下五个层级（表5-1）。

传统村落中信仰文化空间的层级关系 表5-1

层级	时间	空间	事件	参与者
群体聚落级	固定，春祈秋报	固定，祠庙	祭祀、庙会	多村居民
单体聚落级	固定，春祈秋报	固定，祠庙	祭祀、庙会、社火	本村居民

---

❶ 吴良镛. 广义建筑学 [M]. 北京：清华大学出版社，1989：168.

续表

层级	时间	空间	事件	参与者
片区级	较灵活，随时	固定，祠庙	祭祀	组团内居民
街巷级	较灵活，随时	固定，祠庙、树木等	祭祀	街巷内居民
家庭级	传统节日，人生礼仪，每月初一、十五	依附场所，临时场所	祭祀	家庭成员

（3）通过对晋中地区传统村落信仰文化空间类型、形态特征及其保护传承等一系列问题的研究，从非物质文化遗产和物质文化遗产二者整体性保护的高度总结出村落信仰文化空间的价值参考体系（表5-2），提出三种信仰文化空间保护和发展模式。

信仰文化空间的价值参考体系　　　　表5-2

类别	因素		预计变化（现状）	功能，保护传承的可能途径	价值	举例
固定特征因素	构造物	庙宇、戏台、神龛、水井	延续，新建建筑使用现代材料	物质载体，依据文物保护的原则进行	景观、建筑、历史、艺术	天地龛、土地龛、龙王庙、老爷庙等
	自然物	山、水、树	延续	不作为，任其自然发展	景观、生态	
半固定特征因素	画像、祭台、服饰、神像、供案		正在弱化，服饰基本消失	实物的征集、收藏与展示	艺术、历史文化	灶王爷、门神、泰山石敢当等
非固定特征因素	情境、氛围		正在弱化、消失	文化的原生地保护	艺术、历史文化、社会学、人类学	庙会的氛围、求雨仪式、社火仪式、龙龟等
	仪式					
	图腾图案					

村落信仰文化空间的保护和传承需要依靠国家力量和社会力量相互合作、共同驱动，利用村落现有信仰文化空间资源，开发特色文化产业，加速经济发展，使村落信仰文化空间充满生命力。村落信仰文化空间的存在有着其社会背景和社会环境，这种遗产根植于人所处的时空、周边环境和社交活动中。现代化和商品化带来的种种变化，使村落信仰文化空间失去了原有的土壤和社会环境，它也会慢慢走向消亡，因此

村落信仰文化空间的传承需要受到更多的关注。本书从非物质文化遗产和物质文化遗产二者整体性保护的高度提出了三种信仰文化空间的保护和发展模式，分别是保护模式、发掘模式、引进模式。

（4）信仰文化作为建筑的社会文化背景之一，最终通过建筑的空间布局、外观形式、细部装饰等表露出来。本书通过对晋中地区传统村落、信仰文化空间以及二者的关系进行研究，总结出了信仰文化空间是晋中传统村落场所环境的标识的结论。

信仰文化空间是乡土聚落形成场所感的基础，乡土聚落是信仰文化空间的载体和体现。通过从地理位置、人文景观、精神主导、工艺水平、社会结构、生活方式等诸多方面研究，总结得出：信仰文化空间是晋中传统村落场所环境的标识。列斐伏尔空间理论的核心是生产和生产行为的空间化，用列斐伏尔自己的话说就是："任何一种社会，任何一种生产方式，都会生产出特有的空间。"在晋中这种地域环境中，生产出了其特有的信仰文化空间，而这种特有的信仰文化空间就成了晋中地区传统村落区别于其他地域村落的标识，是一种民族凝聚力的基础和有效的共享空间的原型。标志和标识的区别在于："识"字除了"记住"的意义外，还有"认得""识别"的进一步要求，更多的是一种沟通。所以本书选用"标识"一词来说明晋中地区信仰文化空间是晋中传统村落被识别、被认识的特质。村落不仅仅是空间，它更是体现了某种场所精神和集体记忆的有意义的场所。

研究的道路没有终点，本课题还可以继续进行以下层面的深入研究，以进一步探索文化导向的新农村发展路径：

（1）研究地域扩展：晋中—山西—全国；

（2）研究对象扩展：信仰文化空间—文化空间—非物质文化；

（3）对本书提出的新的观点，进行深入的专题研究；

（4）继续加大地区村落建设理论研究，构建系统的中国村落营建理论体系。

附录

部分晋中地区村落的庙宇调研成果汇总表

信仰	庙宇	位置	占地面积（平方米）	时代	测绘图图号	功能	归属
窦犨	窦大夫祠	太原市尖草坪区上兰村	4428	建于宋元丰八年（1086年），元至元四年（1339年）重修	附图-1	祈雨，去百病	
关公	关帝庙	晋中市榆次区后沟村	65	清康熙年间	附图-2	忠勇，治病除灾，驱恶辟邪，镇煞护村，招财进宝	道教
关公	关帝庙	太原市尖草坪区呼延村	859	不详	附图-3	忠义，治病除灾，驱邪辟恶，诛罚叛逆，巡察冥司，司命禄，庇护商贾，招财进宝	道教
关公	关帝庙	晋中市太谷区阳邑村	500	不详	附图-4	祈雨，求晴，求福驱邪，治病除灾，寻财问卜，招财进宝，求子	道教
关公	关帝庙	太原市晋源区晋祠镇花塔村	664	公元1925年	附图-5	祈雨，求晴，求福驱邪，治病除灾，寻财问卜，招财进宝，忠义	道教
关公	关帝庙	太原市尖草坪区上兰村	520	不详	附图-6	祈雨，求晴，求福驱邪，治病除灾，寻财问卜，招财进宝，庇护商贾，诛罚叛逆，御马乘船，出门求安，金兰结义，乏嗣求子	道教
玉皇大帝等	玉皇阁	太原市尖草坪区大留村	570	明万历年间	附图-7	保佑丰收，保佑人畜平安，祈福降灾，祈雨降旱	道教
三世佛等	净信寺	晋中市太谷区阳邑村	3629	唐开元元年（714年）	附图-8	扶贫济困，弘扬正信，抵制邪教	佛教

续表

信仰	庙宇	位置	占地面积（平方米）	时代	测绘图图号	功能	归属
三世佛等	延寿寺	晋中市祁县东观镇张庄村	3000	元代	附图-9	一心为宗，诸宗融合，万善同归	佛教
三世佛等	河西庙	晋中市平遥县段村镇段村	2000	不详	附图-10	弘扬佛教文化，启迪智慧，奉献人生，从事宗教信仰活动，佛光注照，大地回春，国泰民安，世界和平	佛教
三世佛等	广胜寺	晋中市平遥县岳壁乡梁村	603	不详	附图-11	招财、长寿、慈爱，息灾、除障、增上	佛教
三世佛等	华塔寺	太原市晋源区晋祠镇花塔村	2854	不详	附图-12	调身少病，忏悔业障，帮助修定；赐给幸运，免除灾难，接引超度，感谢恩德	佛教
三世佛等	悟圆寺	太原市晋源区晋祠镇赤桥村	577	战国时期春秋末代	附图-13	调身少病，忏悔业障，帮助修定；赐给幸运，免除灾难，接引超度，感谢恩德	佛教
三世佛，弥勒佛等	开化寺	太原市阳曲县高村乡辛庄村	3025	不详	附图-14	调身少病，忏悔业障，帮助修定；赐给幸运，免除灾难，接引超度，感谢恩德	佛教
三世大佛等	圆智寺	晋中市太谷区范村	9000	建于唐朝贞观年间，金天会九年（1131年）重修，现存建筑多为明清所建	附图-15	调身少病，忏悔业障，帮助修定；赐给幸运，免除灾难，接引超度，感谢恩德	佛教
释迦牟尼佛等	弥陀寺	太原市晋源区古寨村	580	公元1994年	附图-16	调身少病，忏悔业障，帮助修定；赐给幸运，免除灾难，接引超度，感谢恩德	佛教

续表

信仰	庙宇	位置	占地面积（平方米）	时代	测绘图图号	功能	归属
释迦牟尼等	寿圣寺	晋中市平遥县岳壁乡西源祠村	1227	清代	附图-17	弘扬佛法，普度众生	佛教
释迦牟尼等	不二寺	太原市阳曲县城	6700	建于大（北）汉乾祐九年（956年），宋咸平六年（1003年）重建，金明昌六年（1195年）大修，元、明、清各代均有过修葺	附图-18	调身少病，忏悔业障，帮助修定；赐给幸运，免除灾难，接引超度，感谢恩德	佛教
佛	七佛庵	晋中市平遥县朱坑乡喜村	2000	明代万历三十二年（1604年）重建	附图-19	调身少病，忏悔业障，帮助修定；赐给幸运，免除灾难，接引超度，感谢恩德	佛教
观音菩萨	神棚和观音堂	晋中市平遥县岳壁乡梁村	2730	元代	附图-20	救苦救难，大慈大悲，普救人间疾苦；民间多向观音祈晴求雨	佛教
观音，关公等	藏山寺	晋中市榆次区东赵乡西窑村	640	不详	附图-21	藏山所彰显的忠义精神既是中华传统美德之精华，同时也是世界文化的重要组成部分	
真武大帝	真武庙	晋中市祁县贾令乡	636	不详	附图-22	延生长寿，治水降火，解除水火之患	道教
龙王	龙王庙	太原市阳曲县青龙镇村	956	不详	附图-23	普救众生，大雨洪流，应时甘润。每逢风雨失调，久旱不雨，或久雨不止时，民众都要到龙王庙烧香祈愿，以求龙王治水，风调雨顺	道教

续表

信仰	庙宇	位置	占地面积（平方米）	时代	测绘图图号	功能	归属
龙母	龙王堂	晋中市榆次区源涡村	745	不详	附图-24	人们寄托龙母，把龙母当作水域的"保护神"，祈祷龙母"降妖"，保水域安宁	道教
文昌帝	文昌宫	太原市阳曲县青龙镇村	3522	不详	附图-25	相传文昌帝君化身为瘟祖大神，降伏五瘟神，故能制服瘟疫	道教
始祖	段家祠堂	晋中市平遥县段村镇段村	344	不详	附图-26	段姓祭拜祖先和民俗文化活动的场所	
始祖	张家祠堂	晋中市平遥县段村镇段村	3516	不详	附图-27	张姓祭拜祖先和民俗文化活动的场所	
孔子	金庄文庙	晋中市平遥县朱坑乡金庄村	1056.4	清光绪八年（1882年）	附图-28	求学，求功名，礼仪的传承	儒家

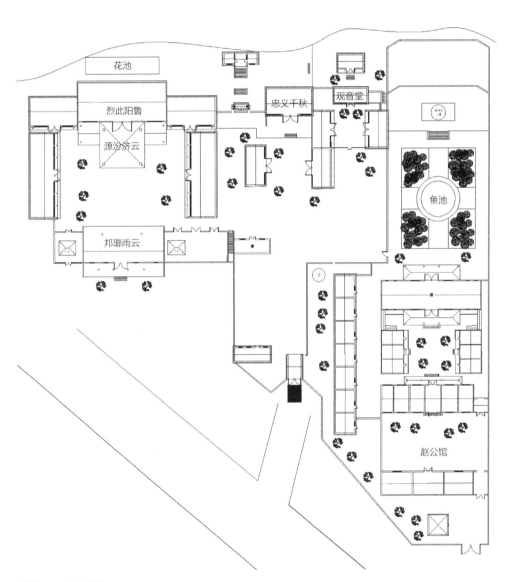

附图-1 窦大夫祠

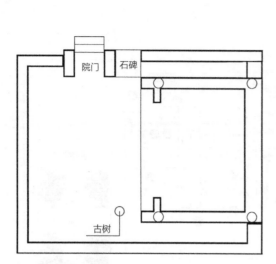

附图-2 后沟关帝庙

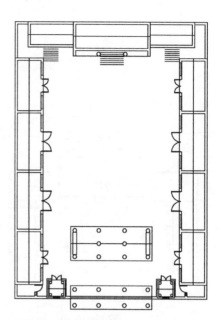

附图-3 呼延村关帝庙

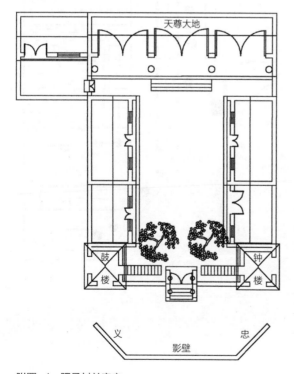

附图-4 阳邑村关帝庙

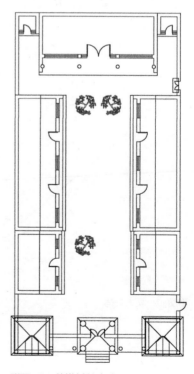

附图-5 花塔村关帝庙

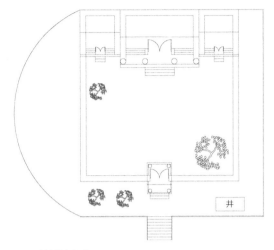

附图-6　上兰村关帝庙

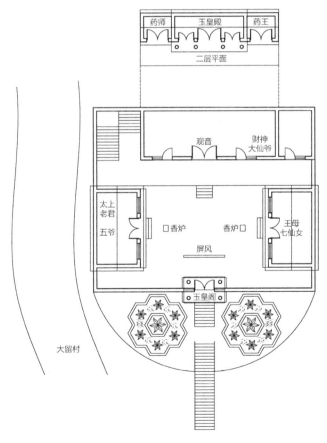

附图-7　大留村玉皇阁

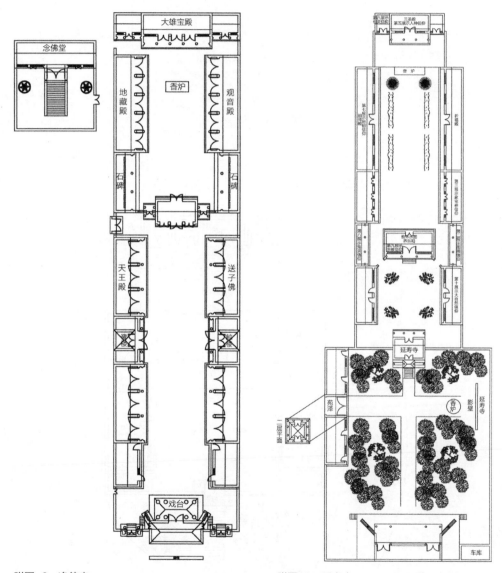

附图-8 净信寺　　　　　　附图-9 延寿寺

附录

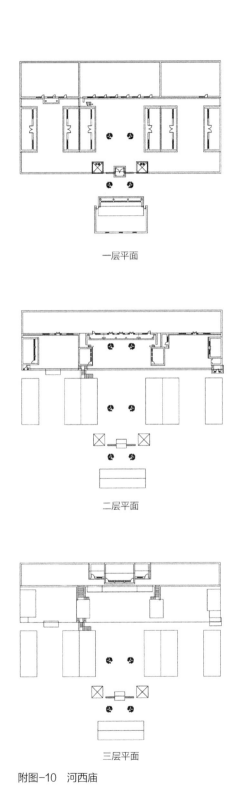

一层平面

二层平面

三层平面

附图-10 河西庙

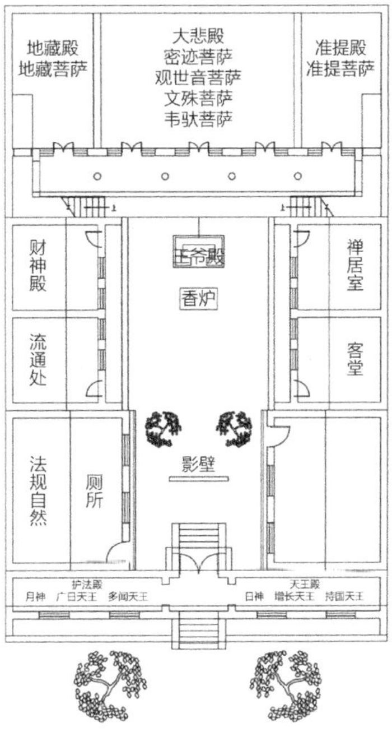

一层平面

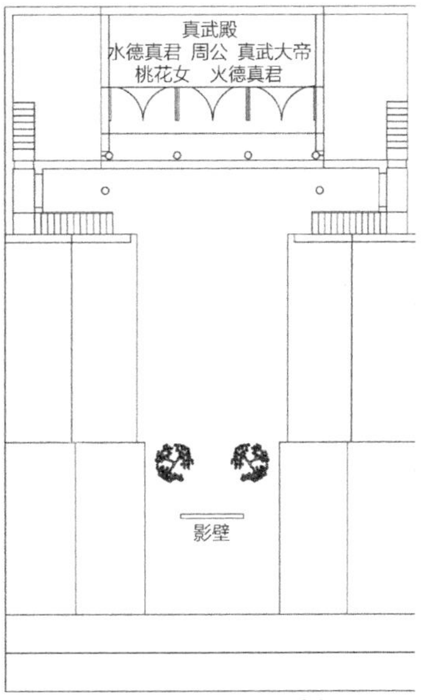

二层平面

附图-11 广胜寺

199

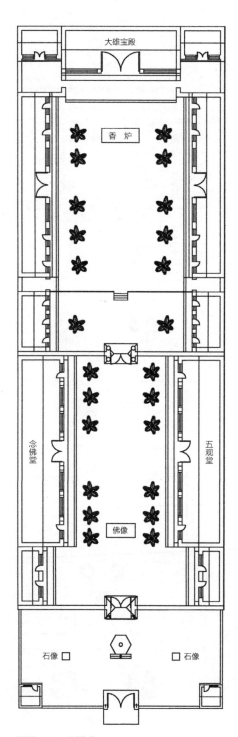

附图-12 华塔寺

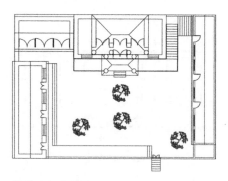

附图-13 悟圆寺

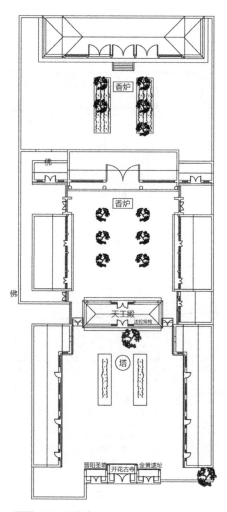

附图-14 开化寺

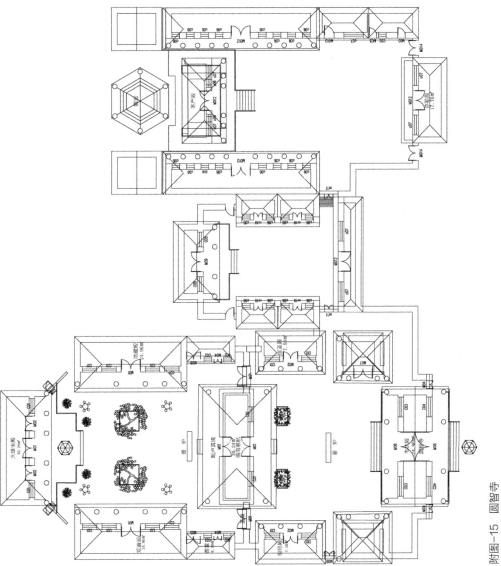

附图-15 圆智寺

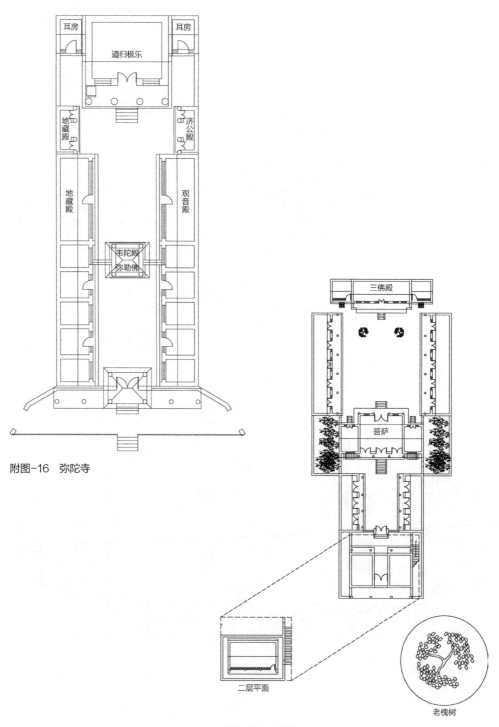

附图-16　弥陀寺

附图-17　寿圣寺

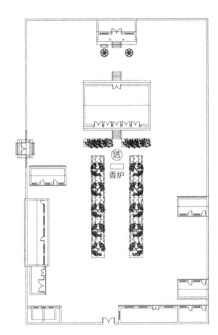

附图-18 不二寺   附图-19 七佛庵

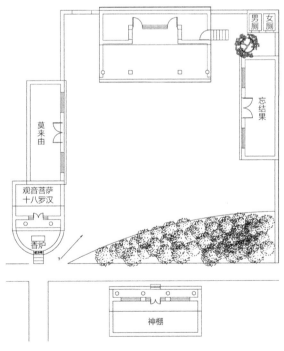

附图-20 神棚和观音堂

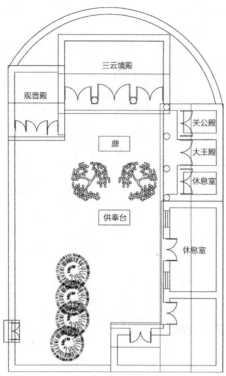

附图-21 藏山寺

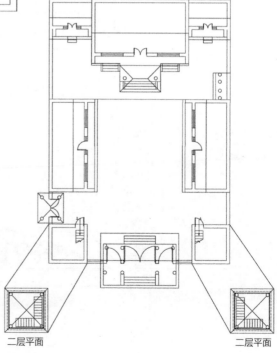

附图-22 真武庙

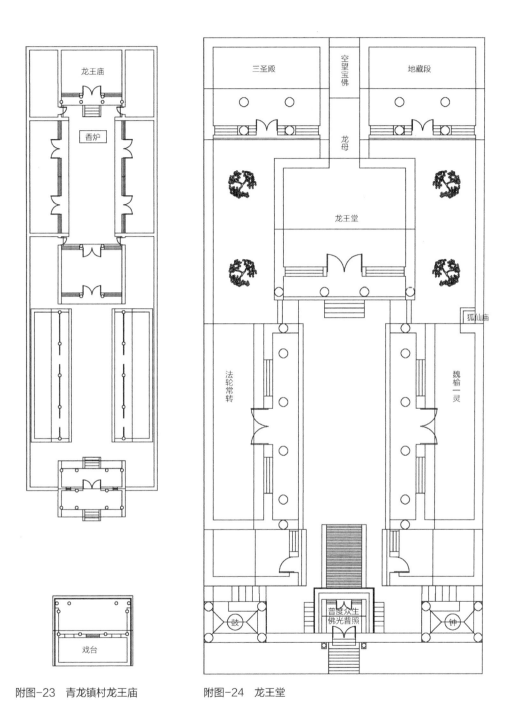

附图-23 青龙镇村龙王庙　　附图-24 龙王堂

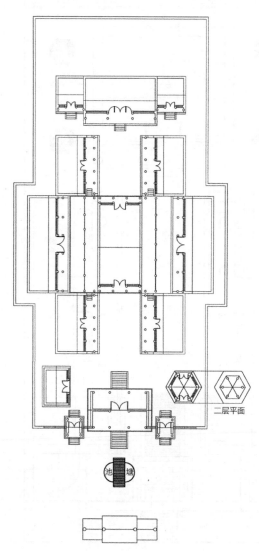

附图-25 文昌宫

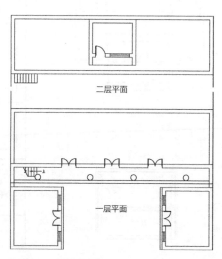

附图-26 段家祠堂

附录

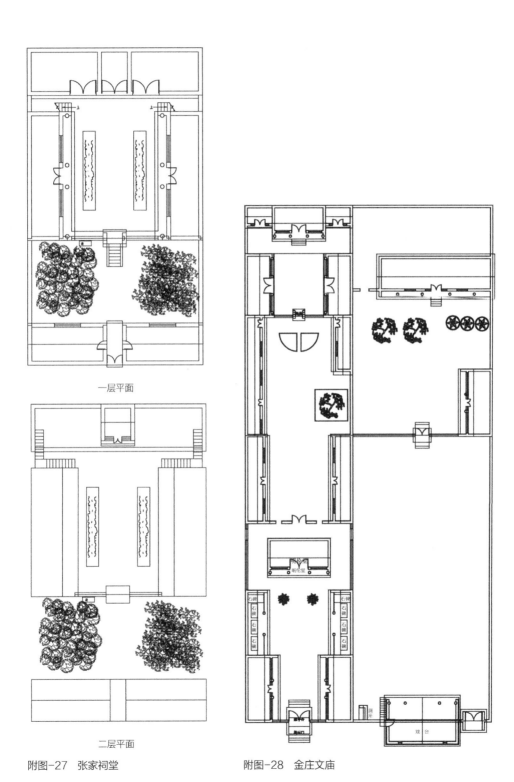

一层平面

二层平面

附图-27 张家祠堂

附图-28 金庄文庙

207

参考文献

著作类：

[1] 拉普卜特. 建成环境的意义 [M]. 黄谷兰，等，译. 北京：中国建筑工业出版社，2003.
[2] 陈志华，李秋香. 乡土建筑遗产保护 [M]. 合肥：黄山书社，2007.
[3] 拉普卜特. 文化特性与建筑设计 [M]. 常青，张昕，张鹏，译. 北京：中国建筑工业出版社，2004.
[4] 赫勒. 日常生活 [M]. 衣俊卿，译. 重庆：重庆出版社，1990.
[5] 胡贝尔. 地域·场地·建筑 [M]. 焦怡雪，译. 北京：中国建筑工业出版社，2004.
[6] 涂尔干. 宗教生活的基本形式 [M]. 渠东，汲喆，译. 上海：上海人民出版社，1999.
[7] 劳森. 空间的语言 [M]. 杨青娟，等，译. 北京：中国建筑工业出版社，2003.
[8] 常青. 建筑遗产的生存策略——保护与利用设计实验 [M]. 上海：同济大学出版社，2003.
[9] 陈伯冲. 建筑形式论 [M]. 北京：中国建筑工业出版社，1996.
[10] 陈凯峰. 建筑文化学 [M]. 上海：同济大学出版社，1996.
[11] 陈凯峰. 住宅建筑文化论 [M]. 厦门：厦门大学出版社，1994.
[12] 蔡凌. 侗族聚居区的传统村落与建筑 [M]. 北京：中国建筑工业出版社，2007.
[13] 陈志华. 乡土中国——楠溪江中游古村落 [M]. 北京：生活·读书·新知三联书店，2002.
[14] 拉普卜特. 宅形与文化 [M]. 常青，徐菁，李颖春，等，译. 北京：中国建筑工业出版社，2007.
[15] 崔世昌. 现代建筑与民族文化 [M]. 天津：天津大学出版社，2000.
[16] 亚历山大. 建筑的永恒之道 [M]. 赵冰，译. 北京：知识产权出版社，2002.
[17] 亚历山大. 建筑模式语言（上、下）[M]. 王听度，周序鸣，译. 北京：知识产权出版社，2002.
[18] 丁俊清. 中国居住文化 [M]. 上海：同济大学出版社，1997.
[19] 段进，季松，王海宁. 城镇空间解析 [M]. 北京：中国建筑工业出版社，2002.
[20] 段友文. 黄河中下游家族村落民俗与社会现代化 [M]. 北京：中华书局，2007.
[21] 李秋香. 村落 [M]. 北京：生活·读书·新知三联书店，2008.
[22] 杜赞奇. 文化，权力与国家——1900—1942年的华北农村 [M]. 南京：江苏出版社，1996.
[23] 丁文剑. 建筑环境与中国居家理念 [M]. 上海：东华大学出版社.
[24] 段进，揭明浩. 世界文化遗产宏村古村落空间解析 [M]. 南京：东南大学出版社，2009.

[25] 费孝通. 乡土中国 [M]. 上海：上海世纪出版集团，2007.
[26] 张余，曹振武. 中国民俗大系：山西民俗 [M]. 兰州：甘肃人民出版社，2003.
[27] 冯宝志. 三晋文化 [M]. 沈阳：辽宁教育出版社，1991.
[28] 方明，刘军. 新农村建设政策理论文集 [M]. 北京：中国建筑工业出版社，2006.
[29] 冯骥才. 乡土精神 [M]. 北京：作家出版社，2010.
[30] 樊宇. 尘封的古村落 [M]. 济南：山东电子音像出版社，2005.
[31] 高丙中. 居住在文化空间里 [M]. 厦门：中山大学出版社，1999.
[32] 郭于华. 仪式与社会变迁 [M]. 北京：北京社科文献出版社，2000.
[33] 宫崎市定. 关于中国聚落形体的变迁 [M] //刘俊文. 日本学者研究中国史论著选译. 北京：中华书局，1993.
[34] 刘沛林. 古村落：和谐的人聚空间 [M]. 上海：上海三联书店，1998.
[35] 汉宝德. 中国建筑文化讲座 [M]. 北京：生活·读书·新知三联书店，2008.
[36] 黄平. 乡土中国与文化自觉 [M]. 北京：生活·读书·新知三联书店，2007.
[37] 何重义. 古村探源——中国聚落文化与环境艺术 [M]. 北京：中国建筑工业出版社，2011.
[38] 胡兆量. 中国文化地理概述 [M]. 北京：北京大学出版社，2009.
[39] 韩振远. 山西祠堂：矗立在人神之间 [M]. 沈阳：辽宁人民出版社，2004.
[40] 高介华. 建筑与文化第四卷论集 [M]. 天津：天津科学技术出版社，1999.
[41] 金其铭. 中国农村聚落地理学 [M]. 南京：江苏科学技术出版社，1989.
[42] 金磊. 印象：建筑师眼中的世界遗产 [M]. 北京：机械工业出版社，2005.
[43] 焦铭起，彭飞. 欧洲古典时代的建筑与文化 [M]. 武汉：华中科技大学出版社，2009.
[44] 林奇. 城市意象 [M]. 项秉仁，译. 北京：华夏出版社，2001.
[45] 林奇. 城市形态 [M]. 林庆怡，陈朝晖，邓华，译. 北京：华夏出版社，2003.
[46] 王志弘. 空间与社会理论译文选（一）[M]. 台北：自印，1995.
[47] 梁雪. 传统村镇实体环境设计 [M]. 天津：天津科学技术出版社，2001.
[48] 刘致平. 中国居住建筑简史 [M]. 北京：中国建筑工业出版社，1990.
[49] 向云驹. 解读非物质文化遗产 [M]. 银川：宁夏人民出版社，2009.
[50] 本尼迪克特. 文化模式 [M]. 何锡章，黄欢，译，华夏出版社，1997.
[51] 芒福德. 城市发展史 [M]. 倪文彦，宋俊岭，译. 北京：中国建筑工业出版社，1989.
[52] 林惠祥. 文化人类学 [M]. 北京：商务印书馆，1996.
[53] 陆元鼎. 乡土建筑遗产的研究与保护 [M]. 上海：同济大学出版社，2008.
[54] 陆元鼎. 中国传统民居与文化 [M]. 北京：中国建筑工业出版社，1991.
[55] 王守恩. 诸神与众生——清代、民国山西太谷的民间信仰与乡村社会 [M]. 北京：中国社会科学出版社，2009.
[56] 刘锡诚. 非物质文化遗产：理论与实践 [M]. 北京：学苑出版社，2009.

[57] 利普斯. 事物的起源[M]. 李敏，译. 西安：陕西师范大学出版社，2008.

[58] 李斌. 空间的文化：中日城市和建筑的比较研究[M]. 北京：中国建筑工业出版社，2007.

[59] 刘合林. 城市文化空间解读与利用[M]. 南京：东南大学出版社，2010.

[60] 李元庆. 三晋古文化源流[M]. 太原：山西古籍出版社，1997.

[61] 李元庆. 三晋文化学术研讨会论文专集[M]. 太原：山西古籍出版社，1999.

[62] 李志民，王琰. 建筑空间环境与行为[M]. 武汉：华中科技大学出版社，2009.

[63] 芦原义信. 外部空间设计[M]. 尹培桐，译. 北京：中国建筑工业出版社，1983.

[64] 芦原义信. 街道的美学[M]. 尹培桐，译. 天津：百花文艺出版社，2006.

[65] 楼庆西. 中国传统建筑文化[M]. 北京：旅游出版社，2008.

[66] 楼庆西，成硕. 乡土游[M]. 北京：清华大学出版社，2006.

[67] 梁漱溟. 乡村建设理论[M]//梁漱溟. 梁漱溟全集. 济南：山东人民出版社，1990.

[68] 李晓峰. 乡土建筑——跨学科研究理论与方法[M]. 北京：中国建筑工业出版社，2005.

[69] 刘森林. 中华民居——传统住宅建筑分析[M]. 上海：同济大学出版社，2009.

[70] 卢永毅. 地方遗产的保护与复兴：亚洲近代建筑网络第四次国际会议论文集[M]. 上海：同济电子音像出版社，2005.

[71] 刘珍强. 图说中国的世界文化遗产[M]. 北京：中国人民大学出版社，2008.

[72] 本尼迪克. 文化模式[M]. 何锡章，译. 北京：华夏出版社，1987.

[73] 罗西. 城市建筑学[M]. 黄士钧，译. 北京：中国建筑工业出版社，2006.

[74] 墨菲. 社会人类学引论[M]. 王卓君，吕基，译. 北京：商务印书馆，2004.

[75] 李浈. 中国传统建筑形制与工艺[M]. 上海：同济大学出版社，2010.

[76] 李秋香. 丁村[M]. 北京：清华大学出版社，2007.

[77] 李秋香. 庙宇[M]. 北京：生活·读书·新知三联书店，2006.

[78] 李立. 乡村聚落：形态、类型与演变——以江南地区为例[M]. 南京：东南大学出版社，2007.

[79] 龙彬. 中国建筑典章制度考录[M]. 上海：同济大学出版社，2010.

[80] 陆邵明. 建筑体验——空间中的情节[M]. 北京：中国建筑工业出版社，2007.

[81] 刘堃. 城市空间的层进阅读方法研究[M]. 北京：中国建筑工业出版社，2010.

[82] 马汉麟. 中国古代文化常识[M]. 北京：新世界出版社，2007.

[83] 明恩溥. 中国乡村生活[M]. 陈午晴，唐军，译. 北京：中华书局，2006.

[84] 马保春. 晋国历史地理研究[M]. 北京：文物出版社，2007.

[85] 哈布瓦赫. 论集体记忆[M]. 毕然，郭全华，译. 上海：上海人民出版社，2002.

[86] 孟雷. 从晏阳初到温铁军[M]. 北京：华夏出版社，2005.

[87] 孟彤. 中国传统建筑中的时间观念研究[M]. 北京：中国建筑工业出版社，2008.

[88] 舒尔茨. 存在·空间·建筑[M]. 尹培桐，译. 北京：中国建筑工业出版社，1990.

［89］ 舒尔茨. 场所精神——迈向建筑现象学［M］. 施植明, 译. 武汉: 华中科技大学出版社, 2010.

［90］ 聂鑫森. 触摸古建筑［M］. 北京: 中国建材工业出版社, 2004.

［91］ 欧志图, 黄小华. 岭南建筑与民俗［M］. 天津: 百花文艺出版社, 2003.

［92］ 彭一刚. 传统村镇聚落景观分析［M］. 北京: 中国建筑工业出版社, 1992.

［93］ 吴庆洲. 中国客家建筑文化［M］. 武汉: 湖北教育出版社, 2008.

［94］ 潘安. 客家民系与客家聚居建筑［M］. 北京: 中国建筑工业出版社, 1998.

［95］ 旗田魏. 中国村落与共同体理论［M］. 东京: 岩波书店, 1973.

［96］ 乔晓光. 活态文化: 中国非物质文化遗产初探［M］. 太原: 山西人民出版社, 2004.

［97］ 戚本超. 整合北京山区历史文化资源研究［M］. 北京: 北京燕山出版社, 1951.

［98］ 乔忠延. 山西古戏台: 豪华落尽见真淳［M］. 沈阳: 辽宁人民出版社, 2004.

［99］ 阮仪三. 护城纪实［M］. 北京: 中国建筑工业出版社, 2003.

［100］ 阮仪三, 李浈, 林林. 江南古镇历史建筑与历史环境的保护［M］. 上海: 上海人民美术出版社, 2010.

［101］ 甘满堂. 村庙与社区公共生活［M］. 北京: 社会科学文献出版社, 2007.

［102］ 沈克宁. 建筑现象学［M］. 北京: 中国建筑工业出版社, 2008.

［103］ 孙大章. 中国民居研究［M］. 北京: 中国建筑工业出版社, 2004.

［104］ 单霁翔. 从"文物保护"走向"文化遗产保护"［M］. 天津: 天津大学出版社, 2008.

［105］ 孙秋云. 文化人类学教程［M］. 北京: 民族出版社, 2004.

［106］ 宋玲平. 晋系墓葬制度研究［M］. 北京: 科学出版社, 2007.

［107］ 水野清一, 日比野丈夫. 山西古迹志［M］. 孙安邦, 等, 译. 太原: 山西古籍出版社, 1993.

［108］ 李玉明. 山西历史文化丛书［M］. 太原: 山西人民出版社, 2009.

［109］ 山西省建设厅. 山西古村镇［M］. 北京: 中国建筑工业出版社, 2007.

［110］ 沈丽珍. 流动空间［M］. 南京: 东南大学出版社, 2010.

［111］ 沈福煦, 刘杰. 中国古代建筑环境生态观［M］. 武汉: 湖北教育出版社, 2002.

［112］ 卢渝, 聂元龙. 山西文化资源地图［M］. 山西教育出版社, 2010.

［113］ 藤井明. 聚落探访［M］. 宁晶, 译. 北京: 中国建筑工业出版社, 2003.

［114］ 汤道烈, 任云英. 中国建筑艺术全集4: 古代城镇［M］. 北京: 中国建筑工业出版社, 2003.

［115］ 吴良镛. 人居环境科学导论［M］. 北京: 中国建筑工业出版社, 2001.

［116］ 吴良镛. 论中国建筑文化的研究与创造［M］. 长沙: 湖南教育出版社, 2003.

［117］ 王贵祥. 东西方的建筑空间［M］. 北京: 中国建筑工业出版社, 1998.

［118］ 王文章. 非物质文化遗产保护与田野工作方法［M］. 北京: 文化艺术出版社, 2008.

[119] 王蔚. 不同自然观下的建筑场所艺术[M]. 天津：天津大学出版社，2004.

[120] 王鲁民. 中国古典建筑文化探源[M]. 上海：同济大学出版社，1997.

[121] 王鲁民. 中国古代建筑思想史纲[M]. 武汉：湖北教育出版社，2002.

[122] 王金平，徐强，韩卫城. 山西民居[M]. 北京：中国建筑工业出版社，2009.

[123] 王军. 西北民居[M]. 北京：中国建筑工业出版社，2009.

[124] 吴必虎，刘筱娟. 中国景观史[M]. 上海：上海人民出版社，2004.

[125] 宋昆. 平遥古城和民居[M]. 天津：天津大学出版社，2000.

[126] 王铭铭. 人类学是什么[M]. 北京：北京大学出版社，2002.

[127] 王铭铭. 村落视野中的文化与权力[M]. 北京：生活·读书·新知三联书店，1997.

[128] 王铭铭. 乡土社会的秩序、公正与权威[M]. 北京：中国政法大学出版社，1997.

[129] 吴晓勤. 皖南古村落规划保护方案保护方法研究[M]. 北京：中国建筑工业出版社，2002.

[130] 王昀. 传统聚落结构中的空间概念[M]. 北京：中国建筑工业出版社，2009.

[131] 吴庆洲. 建筑哲理、意匠与文化[M]. 北京：中国建筑工业出版社，2005.

[132] 王文宝. 中国民俗研究史[M]. 哈尔滨：黑龙江人民出版社，2003.

[133] 吴昊. 陕北窑洞民居[M]. 北京：中国建筑工业出版社，2008.

[134] 王振复. 中国建筑的文化历程[M]. 上海：上海人民出版社，2000.

[135] 王其钧. 民间住宅建筑[M]. 北京：中国建筑工业出版社，2004.

[136] 王其钧. 宗教建筑[M]. 北京：中国水利水电出版社，2005.

[137] 王先明. 晋中大院[M]. 北京：生活·读书·新知三联书店，2005.

[138] 王育武. 中国风水文化源流[M]. 武汉：湖北教育出版社，2008.

[139] 巫纪光，柳肃. 中国建筑艺术全集11：会馆建筑祠堂建筑[M]. 北京：中国建筑工业出版社，2003.

[140] 柳肃. 礼制与建筑[M]. 北京：中国建筑工业出版社，2015.

[141] 毛兵. 混沌：文化与建筑[M]. 沈阳：辽宁科技出版社，2005.

[142] 黄淑娉，龚佩华. 文化人类学理论方法研究[M]. 广州：广东高等教育出版社，2004.

[143] 中国建筑空间与形式之符号意义[M]. 台北：明文书局，1989.

[144] 徐千里. 创造与评价的人文尺度[M]. 北京：中国建筑工业出版社，2000.

[145] 徐千里. 中国新建筑文化之理论建构[M]. 武汉：湖北教育出版社，2006.

[146] 许倬云. 万古江河——中国文化的历史转折与开展[M]. 上海：上海文艺出版社，2006.

[147] 王路. 中国村镇建筑文化[M]. 武汉：湖北教育出版社，2008.

[148] 乌丙安. 中国民间信仰[M]. 上海：上海人民出版社，1996.

[149] 阎东. 中国记忆——中国文化遗产档案. 北京：中国建筑工业出版社，2007.

[150] 盖尔. 交往与空间[M]. 何人可，译. 北京：中国建筑工业出版社，2002.

[151] 余英. 中国东南系建筑区系类型研究 [M]. 北京：中国建筑工业出版社，2001.

[152] 顾颉刚. 我与《古史辨》[M]. 上海：上海文艺出版社，2001.

[153] 杨念群. 空间·记忆·社会转型 [M]. 上海：上海人民出版社，2001.

[154] 于希贤. 中国古代风水的理论与实践 [M]. 北京：光明日报出版社，2005.

[155] 苑利，顾军. 中国民俗学教程 [M]. 北京：光明日报出版社，2003.

[156] 赵世瑜. 狂欢与日常——明清以来的庙会与民间社会 [M]. 北京：生活·读书·新知三联书店，2002.

[157] 张松. 历史城市保护学导论：文化遗产和历史环境保护的一种整体性方法 [M]. 上海：上海科学技术出版社，2001.

[158] 钟敬文. 民俗学概论 [M]. 上海：上海文艺出版社，1998.

[159] 钟敬文. 民间文学概论 [M]. 上海：上海文艺出版社，1980.

[160] 朱晓明. 历史 环境 生机——古村落的世界 [M]. 北京：中国建筑工业出版社，2002.

[161] 朱晓明. 当代英国建筑遗产保护 [M]. 上海：同济大学出版社，2007.

[162] 郑晓云. 文化认同与文化变迁 [M]. 北京：中国社会科学出版社，1992.

[163] 张海洋. 中国的多元文化与中国人的认同 [M]. 北京：民族出版社，2006.

[164] 乔志强，等. 山西风物志 [M]. 太原：山西教育出版社，1985.

[165] 朱炳祥. 社会人类学 [M]. 武汉：武汉大学出版社，2004.

[166] 朱向东，王崇恩，王金平. 晋商民居 [M]. 北京：中国建筑工业出版社，2009.

[167] 张宏. 中国古代住居与住居文化 [M]. 武汉：湖北教育出版社，2006.

[168] 庄锡昌，等. 文化人类学的理论构架 [M]. 杭州：浙江人民出版社，1988.

[169] 赵勇. 历史文化村镇的保护与发展 [M]. 北京：化学工业出版社，2005.

[170] 赵勇. 中国历史文化名镇名村保护理论与方法 [M]. 北京：中国建筑工业出版社，2008.

[171] 周若祁. 韩城村寨与党家村民居 [M]. 西安：陕西科技出版社，1999.

[172] 周学鹰，马晓. 中国江南水乡建筑文化 [M]. 武汉：湖北教育出版社，2006.

[173] 张万方. 中国新农村规划建设简明实用教程 [M]. 北京：中国建筑工业出版社，2008.

[174] 赵逵. 川盐古道：文化线路视野中的聚落与建筑 [M]. 南京：东南大学出版社，2010.

[175] 赵新良. 诗意栖居——中国传统民居的文化解读 [M]. 北京：中国建筑工业出版社，2009.

[176] 勒温. 拓扑心理学原理 [M]. 高觉敷，译. 北京：商务印书馆，2003.

[177] 中国考古学会，山西省考古学会，山西省考古研究所. 汾河湾——丁村文化与晋文化考古学术研讨会论文集 [M]. 太原：山西高教联合出版社，1996.

[178] 进士五十八，铃木诚，一场博幸. 乡土景观设计手法：向乡村学习的城市环境营造 [M]. 李树华，杨秀娟，董建军，译. 北京：中国林业出版社，2008.

[179] 贺雪峰. 新乡土中国：转型期乡村社会调查笔记 [M]. 南宁：广西师范大学出版社，2003.

[180] 拉斯姆森. 建筑体验 [M]. 刘亚芬, 译. 北京: 知识产权出版社, 2003.

[181] 段玉明. 中国寺庙文化 [M]. 上海: 上海人民出版社, 1994.

[182] 邹金江, 戴俭. 中国传统建筑外部空间构成 [M]. 武汉: 湖北教育出版社, 2008.

[183] 谭刚毅. 南宋时期的中国民居与居住形态 [M]. 南京: 东南大学出版社, 2008.

[184] 昂温. 解析建筑 [M]. 伍江, 谢建军, 译. 北京: 中国水利水电出版社, 2002.

[185] 维特鲁威. 建筑十书 [M]. 高履泰, 译. 北京: 知识产权出版社, 2001.

[186] 刘苏. 传统民居与地域文化——第十八届中国民居学术会议论文集 [M]. 北京: 中国水利水电出版社, 2010.

[187] 郭庆丰. 纸人记 [M]. 上海: 上海三联书店, 2006.

[188] 蔡成. 地工开物 [M]. 上海: 上海三联书店, 2007.

[189] 焦必方, 孙彬彬. 日本现代农村建设研究 [M]. 上海: 复旦大学出版社, 2009.

[190] 陈志华, 李秋香. 中国遗产·乡土建筑 [M]. 北京: 清华大学出版社, 2009.

[191] 汉宝德. 风水与环境 [M]. 天津: 天津古籍出版社, 2003.

[192] 方明, 邵爱云. 新农村建设村庄治理研究 [M]. 北京: 中国建筑工业出版社, 2006.

[193] 冯淑华. 传统村落文化生态空间演化论 [M]. 北京: 科学出版社, 2011.

[194] 薛林平. 小河古村 [M]. 北京: 中国建筑工业出版社, 2009.

[195] 薛林平, 王季卿. 山西传统戏场建筑 [M]. 北京: 中国建筑工业出版社, 2005.

[196] LIANG S C. Chinese architecture [M]. New York: Dover Publications, 2005.

[197] TUAN Y F. Space and place, the perspective of experience [M]. Minneapolis: University of Minnesota Press, 1977.

期刊类：

[1] 常青. 建筑人类学发凡 [J]. 建筑学报, 1992 (5): 39-43.

[2] 常青. 人类习俗与当代建筑思潮 [J]. 同济大学学报, 1993 (3): 399-404.

[3] 常青. 建筑学的人类学视野 [J]. 建筑师, 2008 (6): 95-101.

[4] 邓春凤, 黄耀志, 冯兵. 基于传承传统村落精神的新农村建设思路 [J]. 华中科技大学学报（城市科学版）, 2007, 24 (4): 62-66.

[5] 龚恺. 关于传统村落群布局的思考 [J]. 小城镇建设, 2004 (3): 53-55.

[6] 黄怡. 中国传统居住环境与古典文化的互动 [J]. 建筑师, 2003 (1): 76.

[7] 侯杰, 段文艳. 试论中国民间信仰的空间呈现与表达 [J]. 中国宗教, 2011 (4): 27-31.

[8] 刘沛林. 论中国历史文化村落的精神空间 [J]. 北京大学学报（哲学社会科学版）, 1996 (1): 51-55, 135.

[9] 闵丙昊, 王翔译. 知识设计中的人性化设计: 场所理论 [J]. 建筑学报, 2009 (7): 19-20.

[10] 张晓春. 建筑人类学之维 [J]. 新建筑, 1999（8）: 63-65.

[11] 舒波. 悉心呵护地域文化, 多维并举重塑民族家园 [J]. 建筑学报, 2010（9）: 100-104.

[12] 王建革. 华北平原内聚型村落形成中的地理与社会影响因素 [J]. 历史地理, 2000（16）: 89-96.

[13] 张晓虹. 陕西历史聚落地理研究 [J]. 历史地理, 2000, 16（1）: 75-88.

[14] 陈甲全, 张义丰, 陈美景. 古村落研究综述 [J]. 安徽农业科学, 2008, 36（23）: 10103-10105.

[15] 张鸿石. 论传统民间信仰与社会主义精神文明建设 [J]. 学术交流, 2003（3）: 27-31.

[16] 孔令宏. 传统文化与现代化的共时性存在 [J]. 现代哲学, 1997（2）: 71-74.

[17] 田青. 非物质文化遗产保护三议 [J]. 文艺研究, 2006（5）: 30-35.

[18] 吴必虎. 中国文化区的形成与划分 [J]. 学术月刊, 1996（3）: 10-15.

[19] 陶莉, 吴闽, 陈志新. 传统农村聚落研究初探 [J]. 安徽农业科学, 2008（10）: 12463-12464.

[20] 刘清梅. 隐藏深山的千年大米村 [J]. 华北国土资源, 2013（3）: 61-63.

[21] 荣盼盼, 王崇恩. 山西店头石碹窑洞聚落价值分析与保护策略研究 [J]. 南方建筑, 2011（2）: 73-76.

[22] 张祝平. 民间信仰60年嬗变: 从断裂到弥合 [J]. 福建论坛·人文社会科学版, 2009（11）: 161-166.

[23] 张祝平. 当代中国民间信仰的历史演变与依存逻辑 [J]. 深圳大学学报（人文社会科学版）, 2009（11）: 24-29.

[24] 甘满堂. 宗教·民间信仰·村庙信仰 [J]. 福建宗教, 2002（6）: 36-37.

[25] 吕舟. 面向新世纪的中国文化遗产保护 [J]. 建筑学报, 2001（3）: 58-60.

[26] 宋立中. "非遗"利用平衡统一是关键 [N]. 中国社会科学报, 2011-12-20.

[27] 高春利. 文化空间保护与民俗文化传承 [N]. 中国文物报, 2006-06-02.

[28] 业祖润. 中国传统聚落环境空间结构研究 [J]. 北京建筑工程学院学报, 2001（1）: 70-75.

博硕士论文

[1] 程世丹. 当代城市场所营造理论与方法研究 [D]. 重庆: 重庆大学, 2007.

[2] 蔡晴. 基于地域的文化景观保护 [D]. 南京: 东南大学, 2006.

[3] 蔡凌. 侗族聚居区的传统村落与建筑研究 [D]. 广州: 华南理工大学, 2004.

[4] 戴彦. 巴蜀古镇历史文化遗产适应性保护研究 [D]. 重庆: 重庆大学, 2008.

[5] 范霄鹏. 文化品质 [D]. 北京: 清华大学, 2003.

[6] 高静. 建筑技术文化的研究[D]. 西安：西安建筑科技大学，2005.

[7] 郝曙光. 当代中国建筑思潮研究[D]. 南京：东南大学，2006.

[8] 雷震东. 整合与重构——关于乡村聚落研究[D]. 2005.

[9] 林源. 中国建筑遗产保护基础理论研究[D]. 西安：西安建筑科技大学，2007.

[10] 吕红医. 中国村落形态的可持续性及实验性规划研究[D]. 西安：西安建筑科技大学，2004.

[11] 殷俊玲. 盛世繁华[D]. 太原：山西大学，2005.

[12] 潘莹. 江西传统聚落建筑文化研究[D]. 广州：华南理工大学，2004.

[13] 魏秦. 黄土高原人居环境营建体系的理论与实践研究[D]. 杭州：浙江大学，2008.

[14] 王韡. 徽州传统聚落生成环境研究[D]. 上海：同济大学，2005.

[15] 王瑛. 建筑趋同与多元的文化分析[D]. 西安：西安建筑科技大学，2000.

[16] 王树声. 黄河晋陕沿岸历史城市人居环境营造研究[D]. 西安：西安建筑科技大学，2006.

[17] 王巨山. 手工艺类非物质文化遗产理论及博物馆化保护研究[D]. 济南：山东大学，2007.

[18] 徐从淮. 行为空间论[D]. 天津：天津大学，2005.

[19] 徐娅. 陕西省关中地区新农村建设——非物质文化遗存及乡村传统建筑环境相结合的建设模式研究[D]. 西安：西安建筑科技大学，2010.

[20] 郁枫. 空间重构与社会转型[D]. 北京：清华大学，2006.

[21] 杨立峰. 匠作·匠场·手风[D]. 上海：同济大学，2005.

[22] 应臻. 城市历史文化遗产的经济学分析[D]. 上海：同济大学，2008.

[23] 杨毅. 云南传统集市场所的建筑人类学分析[D]. 上海：同济大学，2005.

[24] 姚准. 景观空间演变的文化解释[D]. 南京：东南大学，2006.

[25] 张雪伟. 日常生活空间研究[D]. 上海：同济大学，2007.

[26] 赵之枫. 城市化加速时期村庄集聚及规划建设研究[D]. 北京：清华大学，2001.

[27] 袁牧. 中国当代汉地佛教建筑研究[D]. 北京：清华大学，2008.

[28] 赵慧宁. 建筑环境与人文意识[D]. 南京：东南大学，2005.

[29] 张晓春. 文化适应与中心转移[D]. 上海：同济大学，2004.

[30] 曾谦. 近代山西城镇地理研究[D]. 西安：陕西师范大学，2007.

[31] 吕屏. 传统民艺的文化在生产[D]. 北京：中央民族大学，2009.

[32] 丁卓明. 山西古村落聚落文化研究[D]. 武汉：华中科技大学，2006.

[33] 范任重. 山西后沟古村落的现状和保护[D]. 太原：太原理工大学，2009.

[34] 徐博. 清代、民国山西清源狐突信仰调查研究[D]. 太原：山西大学，2010.

[35] 李文慧. 民间信仰与村落关系[D]. 太原：山西大学，2006.

[36] 唐枫. 太原晋源区店头石碹窑洞古村落研究[D]. 西安：西安建筑科技大学，2011.

[37] 王荷英. 民间信仰的变迁——以白云庵为个案[D]. 武汉：华中师范大学，2006.

致谢

感谢给予本书写作提供帮助的人员：杨豪中教授、王树声教授、王军教授、李志民教授、段友文教授、朱向东教授、王金平教授、王瑛教授、高静教授对书稿内容给予诚恳的建议和意见，感谢薛林平教授、王崇恩教授提供书中所需资料，感谢国宝的博客和太原道的丰实材料，感谢家人周吉平、白培文、白梦雅、白璐陪同奔波在调研的路上，感谢苏义鼎等同窗好友的帮助，感谢那些在调研过程中给予无私帮助的朴实的父老乡亲们，感谢太原九舟建筑设计咨询有限公司的所有同仁们，感谢张建编辑和焦扬编辑在此书出版过程中给予的无私帮助，感谢太原科技大学艺术学院领导和同事给予的支持，感谢所有帮助过我的朋友们！

亲爱的宝贝周玥竹，此书与你共勉。

中国传统村落的研究是一个极其复杂的课题，书中欠妥之处，甚至谬误之处在所难免，敬请各位学者、专家、同仁斧正！